U0359996

技工院校一体化课程教学改革规划教材

汽车底盘一般故障诊断与排除工作页

QICHE DIPAN YIBAN GUZHANG ZHENDUAN YU PAICHU GONGZUOYE

陈立凯 ◎主编　童华强 ◎主审
张 萌　李景芝 ◎副主编

化学工业出版社
·北京·

内容简介

本书按照职业活动导向的教学思路设计，选取了三个方面的典型工作任务，即索纳塔轮胎异常磨损故障诊断与排除、索纳塔转向异响故障诊断与排除、捷达ABS灯常亮故障诊断与排除。每个任务都按照实际工作的流程进行设计，把理论知识和操作技能有效地进行了融合。学生在完成任务的过程中，学到了知识和技能，在学习的过程中，体验了完整的工作过程，真正完成了工作和学习的相统一。

本书版面设计图文结合，内容详尽完整，可作为汽车专业教学改革的参考书，也可供相关技术人员培训参考。

图书在版编目(CIP)数据

汽车底盘一般故障诊断与排除工作页/陈立凯主编.—北京：化学工业出版社，2015.5（2024.8重印）
技工院校一体化课程教学改革规划教材
ISBN 978-7-122-21360-0

Ⅰ.①汽… Ⅱ.①陈… Ⅲ.①汽车-底盘-故障诊断②汽车-底盘-故障修复 Ⅳ.①U472.41

中国版本图书馆CIP数据核字（2014）第153857号

责任编辑：郝英华 唐旭华　　装帧设计：韩 飞
责任校对：王素芹

出版发行：化学工业出版社（北京市东城区青年湖南街13号 邮政编码100011）
印 装：北京科印技术咨询服务有限公司数码印刷分部
787mm×1092mm 1/16 印张10½ 字数249千字 2024年8月北京第1版第4次印刷

购书咨询：010-64518888　　售后服务：010-64518899
网 址：http://www.cip.com.cn
凡购买本书，如有缺损质量问题，本社销售中心负责调换。

定 价：32.00元

前 言

当今，国际实力的竞争是创造力水平的竞争，是制造业水平的竞争，而要想从制造业大国变成制造业强国，主要是人才的竞争。在人才的培养中，职业教育人才培养起到了举足轻重的作用。2005年，国务院召开全国职业教育工作会议，印发了《国务院关于大力发展职业教育的决定》，特别强调："要把发展职业教育作为经济社会发展的重要基础和教育工作的战略重点。"2009年12月，胡锦涛指出："没有一流的技工，就没有一流的产品。"2012年5月，在第三届国际职业技术教育大会上，联合国教科文组织总干事这样评价中国的职业教育："规模大、就业率高的中国职业教育为世界提供了经验。"2014年盛夏，国务院召开全国职业教育工作会议，使我国职业教育进入了一个全新的发展阶段。

近几年来，在国家政策的引导下，全国各职业院校推动"以就业为核心，以能力为导向，以职业活动为基础"的教学改革，改进了传统教学模式，将理论和实践技能进行良好整合，让学生"在工作中学习，在学习中工作"，学生学习的兴趣得到了激发，学习的目标更加明确，学习的成就感更强，改革取得了明显的效果。实践证明，只有改革职业教育才有出路。

北京工业技师学院在2004年实施教学改革，经过十多年摸索、探讨，总结出了一套适合职业学校学生学习的教学模式，且独创了课程体系的"鱼骨图开发技术"，真正以课程为载体，以职业活动导向为基础，以就业为导向，让师生共同在教学中成长，让学生在快乐的学习中受益。

本书是在院领导的指导下完成的，主要包括三个方面的任务，即索纳塔轮胎异常磨损故障诊断与排除、索纳塔转向异响故障诊断与排除、捷达ABS灯常亮故障诊断与排除。每个任务都按照工作的流程，职业活动导向的思路设计，引导学生在完成任务的过程中学习知识。

本书由陈立凯任主编，张萌、李景芝任副主编，童华强任主审，高永平、边辉、陈卫东、郭光辉、闫海峰、李腾、孙书荣参与编写。

因笔者水平所限，书中不足之处，恳请广大的读者批评指正。

编者

2015年5月

目 录

汽车底盘一般故障诊断与排除工作页

任务一

索纳塔轮胎异常磨损故障诊断与排除

一、工作情境描述

周六朱先生驾驶一辆索纳塔 2006 款轿车去市郊旅游，在第二天的日常保养检查中发现前轮胎出现异常磨损。随后将车辆送到 4S 店维修，经服务顾问检查试车后，确认行驶系故障，报工时费 400 元，材料费在检测、拆解完毕后请客户签字确认。请你 4 小时之内在车间完成故障排除，通过该学习任务，提出合理的维修方案，并核算成本给予客户解释，在交车时针对此故障现象提供合理的使用和保养建议。

工作过程确保安全并符合 5S 规范，大修后车辆符合 GB 7258—2012《机动车运行安全技术条件》和《索纳塔汽车维修手册技术要求》。

二、学习活动及学时分配表

活动序号	学习活动	学时安排	备注
1	任务分析及检查	4 学时	
2	制订方案	8 学时	
3	实施维修	12 学时	
4	竣工检验	4 学时	
5	总结拓展	4 学时	

学习活动一： 任务分析及检查

建议学时：4学时

学习要求：明确 “索纳塔轮胎异常磨损” 任务的工作要求， 能够确定并分析故障现象， 掌握行驶系的组成及作用， 并编制故障树。 具体工作步骤及要求见表 1-1-1。

表 1-1-1

序号	工作步骤	要求	学时	备注
1	识读任务书，确定故障现象	能快速准确明确任务要求并确定故障现象，在教师要求的时间内完成	1学时	
2	描述行驶系组成与作用	能够简述行驶系的组成与作用，掌握行驶系各部件安装位置	2学时	
3	编制索纳塔轮胎异常磨损鱼骨图	根据行驶系的组成和作用分析故障原因编制鱼骨图	1学时	

一、 接受工作任务

请根据工作情境描述填写接车单。

北京现代汽车__________特约销售服务店接车单

<table>
<tr><td>顾客姓名</td><td></td><td>车牌号</td><td></td><td>车型</td><td></td><td>顾客电话</td></tr>
<tr><td>VIN 号</td><td></td><td>行驶里程</td><td></td><td>车辆颜色</td><td></td><td>日期/时间</td></tr>
<tr><td colspan="7">客户问题描述</td></tr>
<tr><td colspan="7">免费保养□ km 常规保养□ 故障车□ 大修□ 其他□</td></tr>
<tr><td colspan="2" rowspan="6"></td><td colspan="5">① 天气条件:□雨天 □晴天 □气温(度) □其他( )</td></tr>
<tr><td colspan="5">② 路面条件:□高速路 □水泥路 □沥青路 □砂石路 □其他( )
□平坦 □上坡 □下坡 □弯道(急/缓) □其他( )</td></tr>
<tr><td colspan="5">③ 行驶状态:□高速 □低速 □加速(急/缓) □减速(急/缓) □滑行</td></tr>
<tr><td colspan="5">④ 工作状态:□冷机 □热机 □启动 □( )挡 □开空调 □其他( )</td></tr>
<tr><td colspan="5">⑤ 发生频度:□经常 □就一次 □不定期 □( )次 □其他( )</td></tr>
<tr><td colspan="5">⑥ 其他:</td></tr>
<tr><td colspan="7">初期诊断项目</td></tr>
<tr><td colspan="7"></td></tr>
<tr><td>预计费用:</td><td colspan="6"></td></tr>
</table>

环车检查

<table>
<tr><td colspan="2">非索赔旧件</td><td colspan="2">带走□ 不带走□</td><td colspan="4" rowspan="13">外观检查(有损坏处○出)</td></tr>
<tr><td>方向机</td><td></td><td colspan="2" rowspan="12">油量显示(用➔标记)
FULL
EMPTY</td></tr>
<tr><td>车内仪表</td><td></td></tr>
<tr><td>车内电器</td><td></td></tr>
<tr><td>点烟器</td><td></td></tr>
<tr><td>座椅座垫</td><td></td></tr>
<tr><td>车窗</td><td></td></tr>
<tr><td>天窗</td><td></td></tr>
<tr><td>后视镜</td><td></td></tr>
<tr><td>安全带</td><td></td></tr>
<tr><td>车内饰</td><td></td></tr>
<tr><td>雨刮器</td><td></td></tr>
<tr><td>全车灯光</td><td></td></tr>
<tr><td>前车标</td><td></td><td>后车标</td><td></td><td>轮胎轮盖</td><td></td><td>随车工具</td><td></td></tr>
</table>

其他

接车人签字: 顾客签字:

注意:1. 此单据中预计费用是预估费用,实际费用以结算单中最终费用为准。

2. 将车辆交给我店检修时,已提示将车内贵重物品自行收起并妥善保管。如有遗失本店恕不负责。

公司地址: 邮政编码: 服务热线: 24 小时救援电话: 投诉电话:

二、 确认故障现象

描述下列轮胎磨损形状，在表 1-1-2 中选出与故障车辆一致的图片，并在图片上打"√"。

表 1-1-2

轮胎磨损形状	磨损形状描述	轮胎磨损形状	磨损形状描述
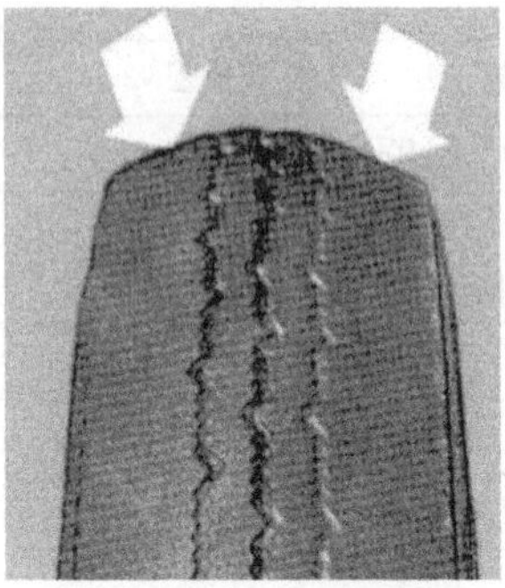			
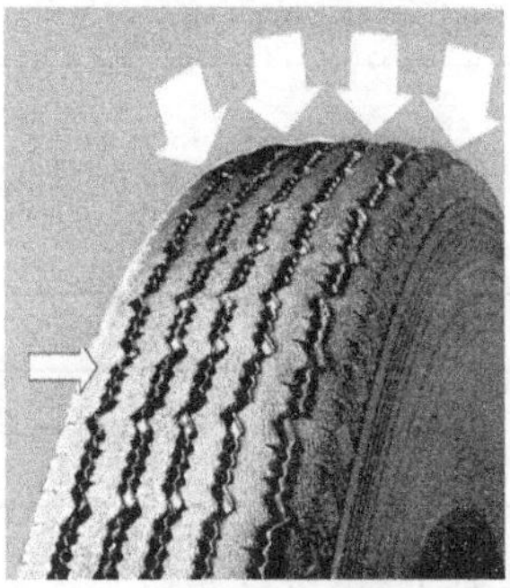			

		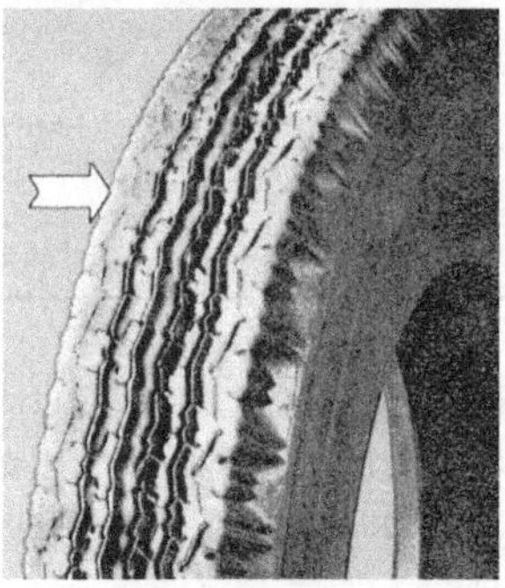	

三、分析故障案例

请根据工作情境描述的故障现象，查阅汽车维修手册或网络资源对案例进行分析，记录于表 1-1-3 中。

表 1-1-3

车型		故障现象	
故障原因			
维修方法			

四、描述行驶系的组成和作用

1. 汽车行驶系的作用

2. 行驶系的组成及各组成的作用（表 1-1-4）

表 1-1-4

序号	组成	作用
1		
2		
3		
4		

3. 请标注行驶系各部位的名称

(1) 根据不等长双横臂式独立悬架图例标注各部位名称，填入表 1-1-5 中。

表 1-1-5

不等长双横臂式独立悬架结构图	各部位名称
1 2 3 4 5 6 7 8	1— 2— 3— 4— 5— 6— 7— 8—

(2) 根据麦弗逊式螺旋弹簧独立悬架图例标注各部位名称，填入表 1-1-6 中。

表 1-1-6

双横臂式独立悬架结构图	各部位名称
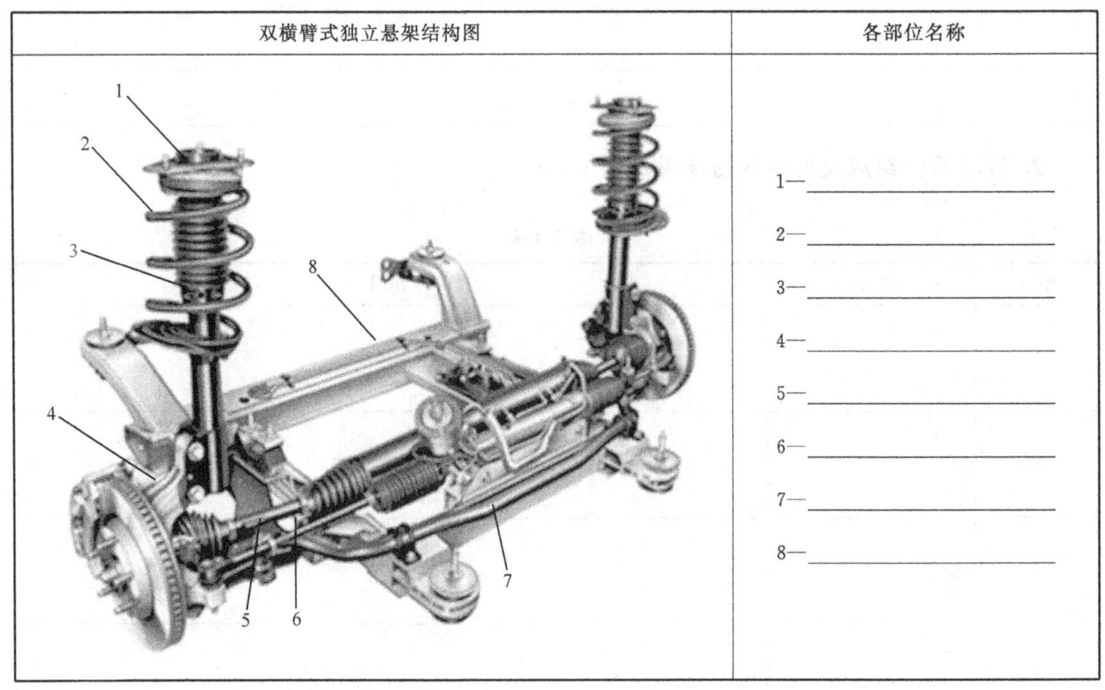	1— 2— 3— 4— 5— 6— 7— 8—

(3) 根据独立式后悬架图例标注各部位名称，填入表 1-1-7 中。

表 1-1-7

独立式后悬架结构图	各部位的名称
1 2 5 4 3 7 6	1—__________ 2—__________ 3—__________ 4—__________ 5—__________ 6—__________ 7—__________

（4）根据整体式后悬架图例标注各部位名称，填入表 1-1-8 中。

表 1-1-8

整体式后悬架结构图	各部位的名称
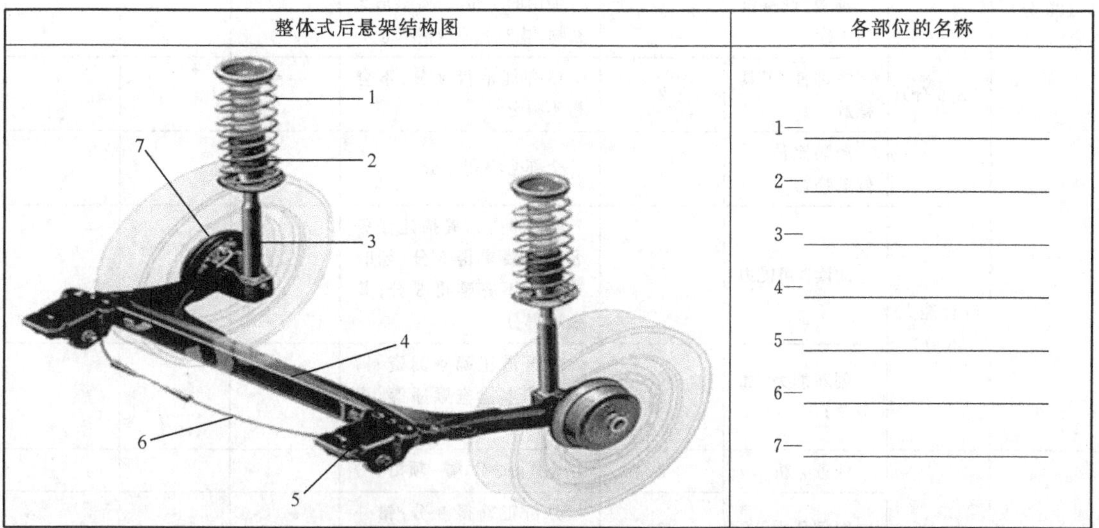	1—__________ 2—__________ 3—__________ 4—__________ 5—__________ 6—__________ 7—__________

五、编制索纳塔轮胎异常磨损鱼骨图

查阅汽车维修手册或网络资源，编制索纳塔轮胎异常磨损鱼骨图（图 1-1-1）。

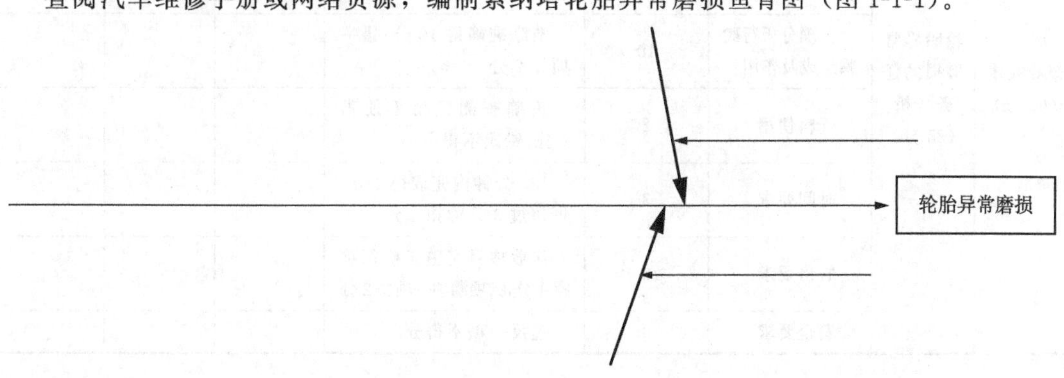

图 1-1-1

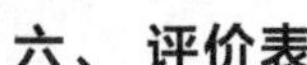

六、评价表

请根据表 1-1-9 要求对本活动中的工作和学习情况进行打分。

表 1-1-9

评分项目			配分/分	评分细则	自评得分	小组评价	教师评价
素养（20分）	纪律情况（5分）	不迟到、早退	1	违反一次不得分			
		积极思考回答问题	2	根据上课统计情况得1～2分			
		三有一无（有本、笔、书，无手机）	2	不符合要求不得分			
		执行教师命令	0	此为否定项，违规酌情扣10～100分，违反校规按校规处理			
	职业道德（5分）	能与他人合作	3	不符合要求不得分			
		追求完美	2	对工作精益求精（能提出改进建议）且效果明显得2分			
	5S（5分）	场地、设备整洁干净	2	使用的工位、设备整洁无杂物，得2分；不合格不得分			
		零部件、工具摆放	2	整齐规范得2分；不合格不得分			
		服装整洁，不佩戴饰物	1	全部合格得1分			
	综合能力（5分）	阅读理解能力	5	2分钟内正确描述任务名称及要求得5分；超时或表达不完整得3分；其余不得分			
		创新能力（加分项）	5	新渠道正确查阅资料；优化基本检查顺序等，视情况得1～5分			
核心技术（60分）	轮胎异常磨损的任务分析（25分）	任务分析	2	完整得2分；漏一项扣1分			
		案例分析	3	分析正确得3分；错一项扣1分			
		确认故障现象	3	全部正确得3分；错一项扣1分			
		正确分析行驶系组成及作用	10	清晰准确得10分；错一项扣2分			
		资料使用	2	正确查阅维修手册得2分；错误不得分			
		时间要求	2	120分钟内完成得2分；每超过3分钟扣1分			
		质量要求	3	作业项目完整正确每项得1分，错项漏项一项扣2分			
		安全要求	0	违反一项不得分			

续表

<table>
<tr><td colspan="3">评分项目</td><td>配分/分</td><td>评分细则</td><td>自评得分</td><td>小组评价</td><td>教师评价</td></tr>
<tr><td rowspan="4">核心技术（60分）</td><td rowspan="4">编制鱼骨图（35分）</td><td>故障点齐全（8个点）</td><td>24</td><td>全部正确得24分；错一项扣3分</td><td></td><td></td><td></td></tr>
<tr><td>层次结构正确</td><td>6</td><td>全部正确得6分；错一项扣2分</td><td></td><td></td><td></td></tr>
<tr><td>时间要求</td><td>5</td><td>35分钟内完成得5分；超时2分钟扣1分</td><td></td><td></td><td></td></tr>
<tr><td>提炼增项为加分项</td><td>5</td><td>项目分类、顺序有创新，视情况得1～5分</td><td></td><td></td><td></td></tr>
<tr><td rowspan="4">工作页完成情况（20分）</td><td rowspan="4">按时完成工作页</td><td>按时提交</td><td>5</td><td>按时提交得5分；迟交不得分</td><td></td><td></td><td></td></tr>
<tr><td>内容完成程度</td><td>5</td><td>按情况分别得1～5分</td><td></td><td></td><td></td></tr>
<tr><td>回答准确率</td><td>5</td><td>视情况分别得1～5分</td><td></td><td></td><td></td></tr>
<tr><td>字迹书面整洁</td><td>5</td><td>视情况分别得1～5分</td><td></td><td></td><td></td></tr>
<tr><td colspan="5">总分</td><td></td><td></td><td></td></tr>
<tr><td colspan="5">综合得分（自评20%，小组评价30%，教师50%）</td><td colspan="3"></td></tr>
<tr><td colspan="4">教师评价签字：</td><td colspan="4">组长签字：</td></tr>
<tr><td colspan="8">请根据以上打分情况，对本活动当中的工作和学习状态进行总体评述（从素养的自我提升方面、职业能力的提升方面进行评述，分析自己的不足之处，描述对不足之处的改进措施）。</td></tr>
<tr><td colspan="8">教师指导意见：</td></tr>
</table>

学习活动二：制订方案

建议学时：8学时

学习要求：能够描述行驶系各组成部分的工作原理，正确选用工具和材料，并最终编制维修方案。具体工作步骤及要求如表1-2-1所示。

表 1-2-1

序号	工作步骤	要求	学时	备注
1	描述行驶系各组成部分作用及工作原理	能够正确简述悬架、车桥、车架、车轮组成部分的作用及工作原理	3学时	
2	分析车轮定位参数	能够正确分析车轮定位参数对行驶系的影响	1学时	
3	编制维修检查步骤	在45分钟内完成，检查步骤符合项目分类，实现操作方便维修时间缩短	1学时	
4	选用工具和材料	工具、材料清单完整，型号符合索纳塔车型和客户需求	0.5学时	
5	制订维修方案	任务描述清晰，检验标准符合厂家要求，工量具材料、维修内容和要求与流程表及维修手册对应	2.5学时	

一、 描述行驶系各部件组成和工作原理

1. 索纳塔悬架各组成的作用（表 1-2-2）

表 1-2-2

序号	组成	作用
1	减震器	
2	弹性元件	
3	导向机构	
4	横向稳定杆	

（1）减震器组成和工作原理，将相关内容填入表 1-2-3 中。

表 1-2-3

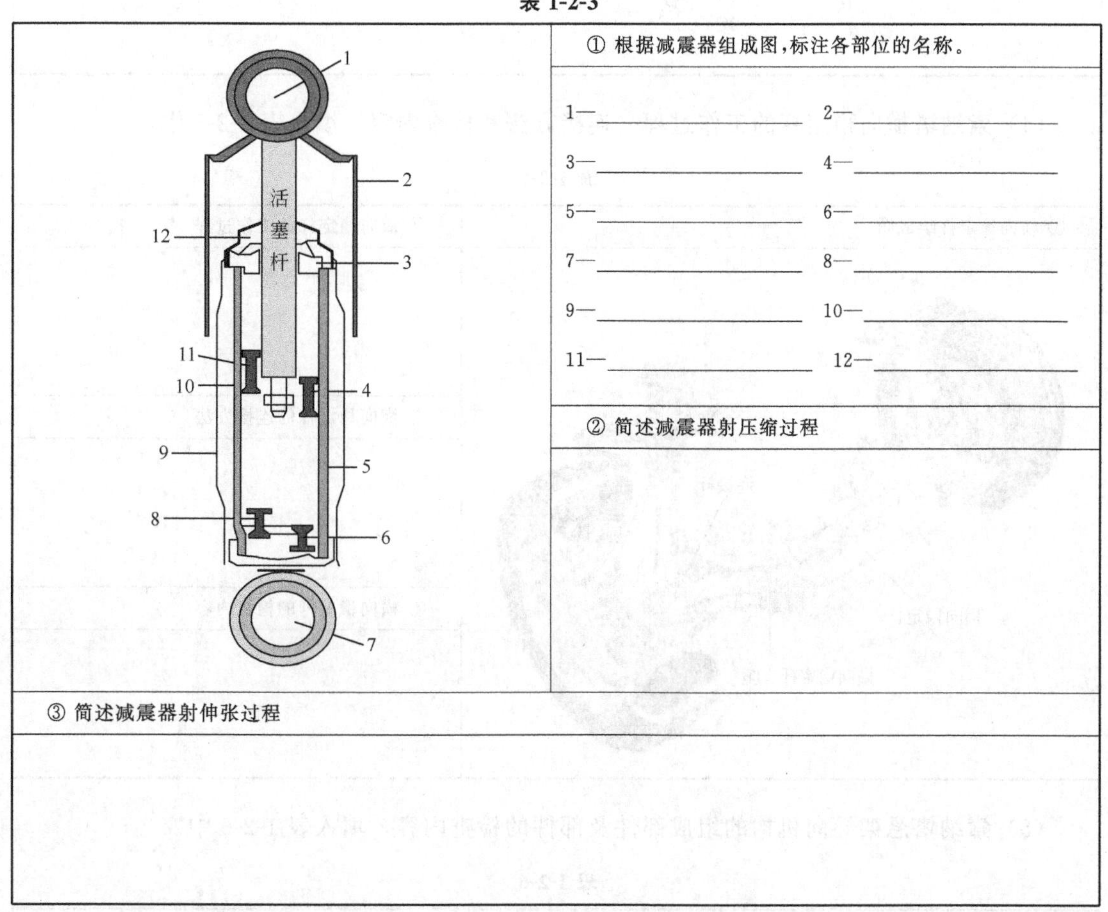

	① 根据减震器组成图，标注各部位的名称。
	1—______ 2—______ 3—______ 4—______ 5—______ 6—______ 7—______ 8—______ 9—______ 10—______ 11—______ 12—______
	② 简述减震器射压缩过程
③ 简述减震器射伸张过程	

（2）查阅维修资料或网络资源，写出减震器的检查内容。

______

______

______

（3）螺旋式减震弹簧的特点和检查内容，填入表 1-2-4 中。

表 1-2-4

① 减震弹簧安装位置图	② 螺旋式减震弹簧的特点
减震弹簧	
	③ 螺旋式弹簧的检查内容

（4）索纳塔横向稳定杆的工作过程、连接方法和检查内容，填入表 1-2-5 中。

表 1-2-5

① 横向稳定杆组成图	② 横向稳定杆的工作过程
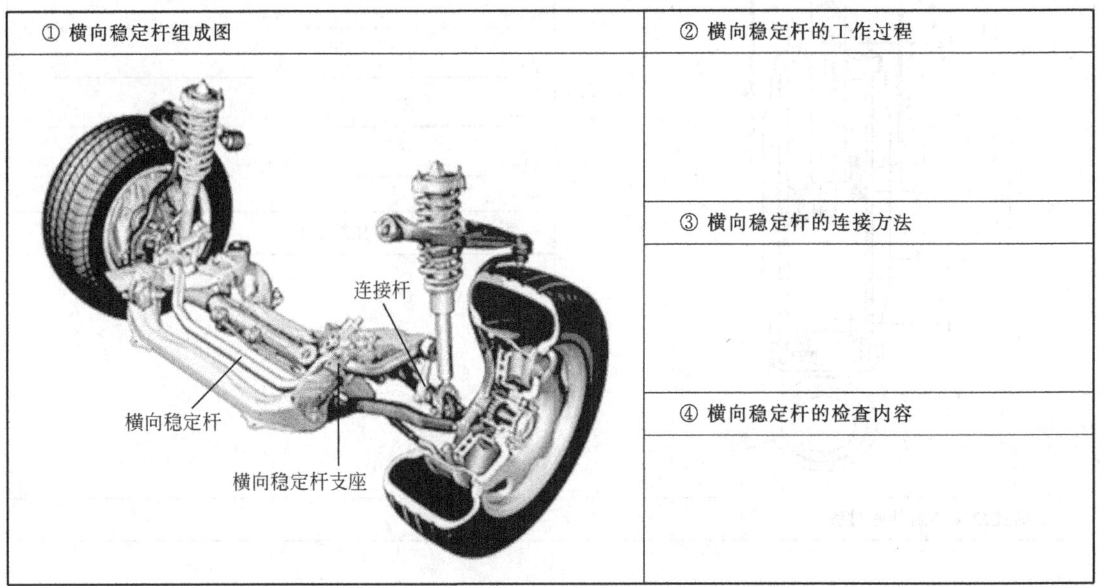	
	③ 横向稳定杆的连接方法
	④ 横向稳定杆的检查内容

（5）索纳塔悬架导向机构的组成部件及部件的检查内容，填入表 1-2-6 中。

表 1-2-6

导向机构组成	导向机构检查内容

2. 描述索纳塔车桥的结构

（1）查阅维修资料或网络资源，写出索纳塔转向传动路线。

____

____

____

（2）查阅维修资料或网络资源完成表 1-2-7 中内容 。

表 1-2-7

<table>
<tr><td>① 索纳塔转向驱动桥结构图</td><td>② 索纳塔转向驱动桥连接方法</td></tr>
<tr><td rowspan="3">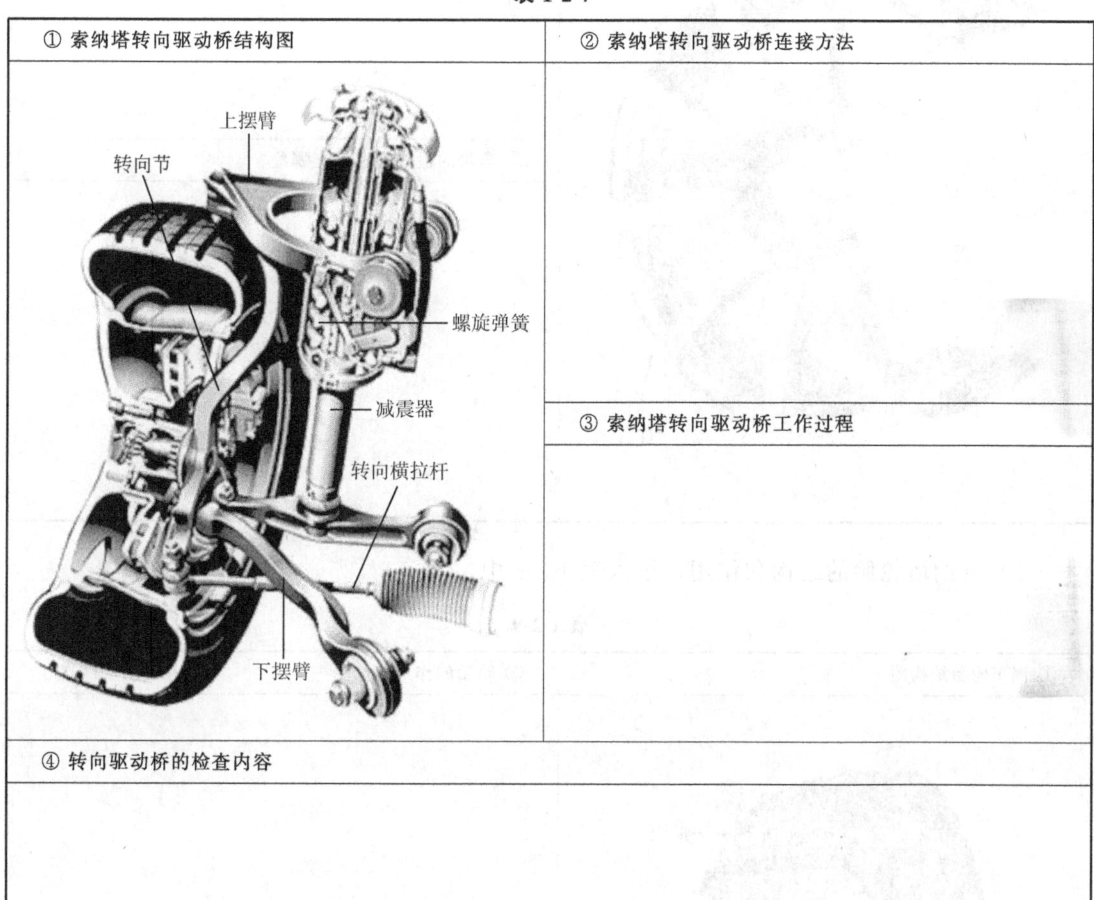
</td><td></td></tr>
<tr><td>③ 索纳塔转向驱动桥工作过程</td></tr>
<tr><td></td></tr>
<tr><td colspan="2">④ 转向驱动桥的检查内容</td></tr>
<tr><td colspan="2"></td></tr>
</table>

3. 描述索纳塔车架的检查内容

查阅索纳塔车架维修资料，车架的检查内容都有哪些？

____

____

____

____

____

4. 车轮的结构和作用

（1）车轮的结构、作用和检查内容，填入表 1-2-8 中。

表 1-2-8

① 汽车车轮结构图	② 车轮的作用
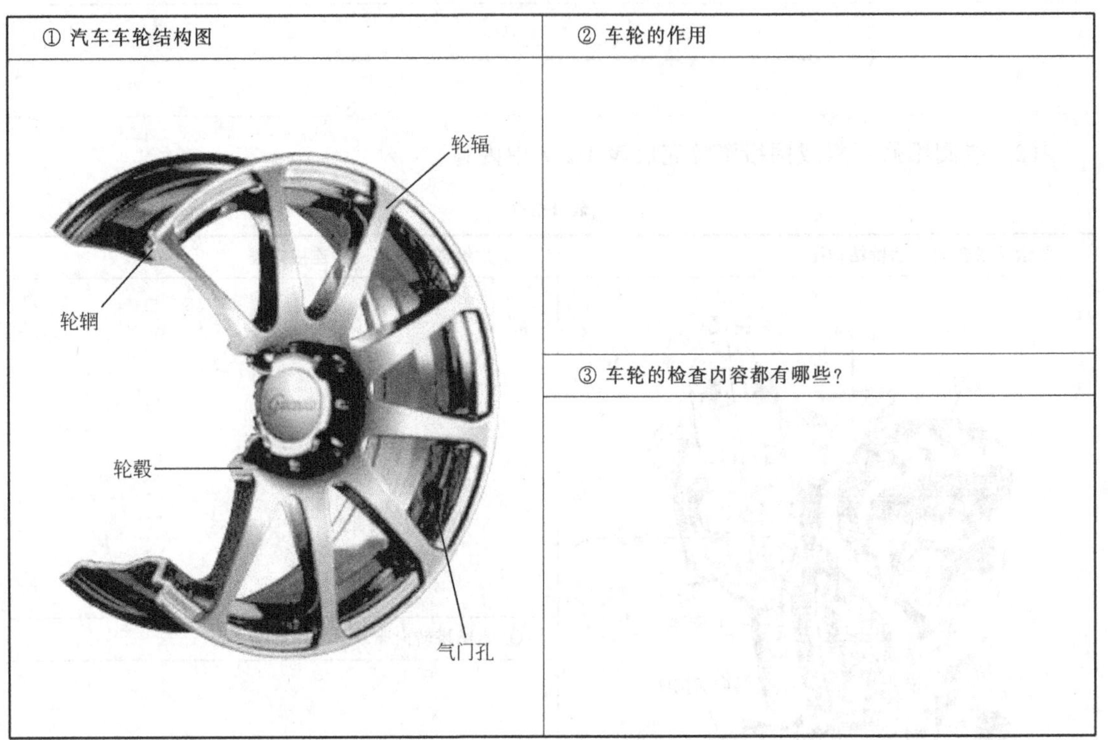	
	③ 车轮的检查内容都有哪些？

（2）索纳塔轮胎的结构和作用，填入表 1-2-9 中。

表 1-2-9

① 汽车轮胎结构图	② 轮胎的作用
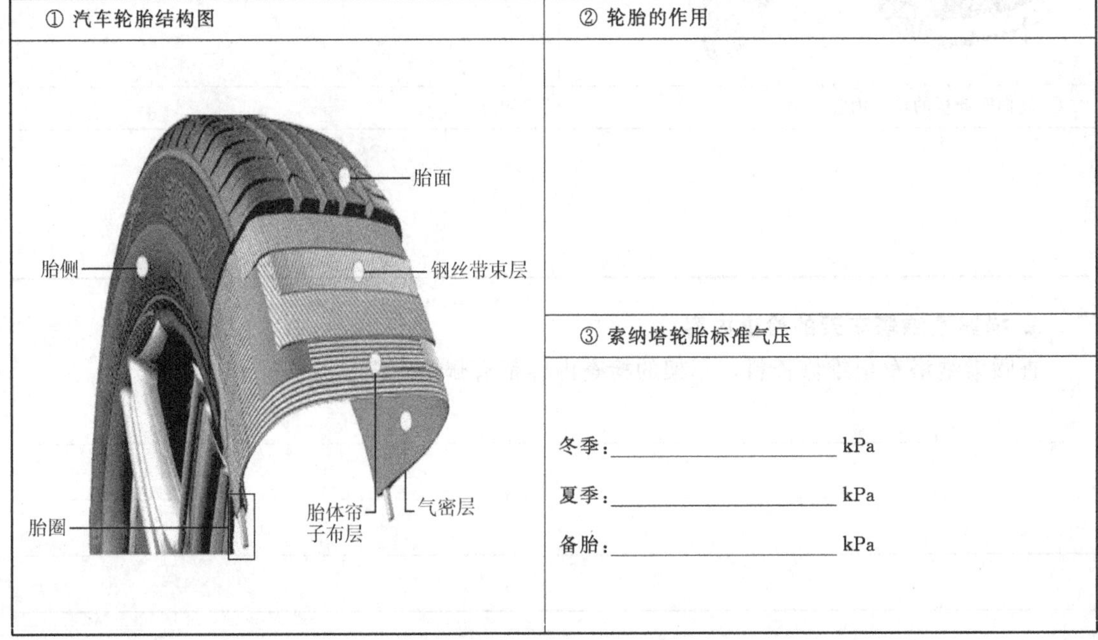	
	③ 索纳塔轮胎标准气压
	冬季：____________ kPa 夏季：____________ kPa 备胎：____________ kPa

二、分析车轮定位参数

1. 根据图例写出前轮定位参数名称、标准值及对汽车行驶系的影响（表 1-2-10）

表 1-2-10

（1）下图名称：	① 标准值：
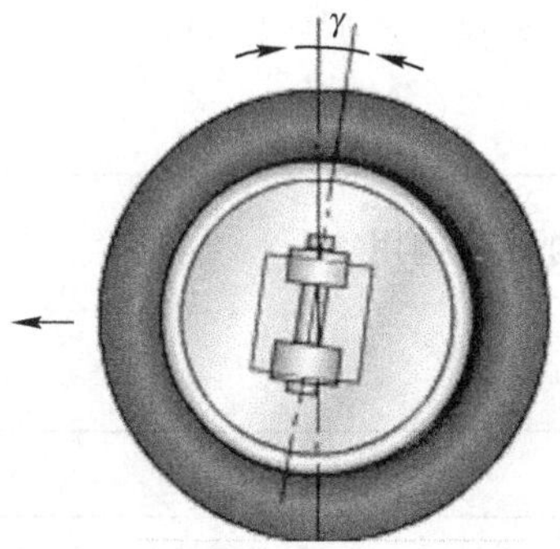 γ	② 查阅资料简述对行驶系影响
（2）下图名称：	① 标准值：
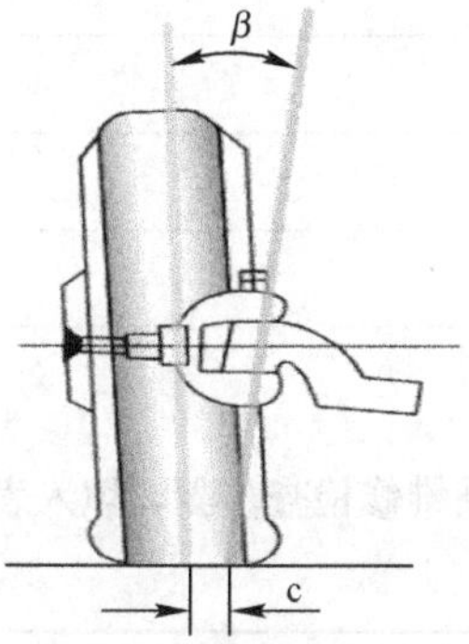 β c	② 查阅资料简述对行驶系影响
（3）下图名称：	① 标准值：
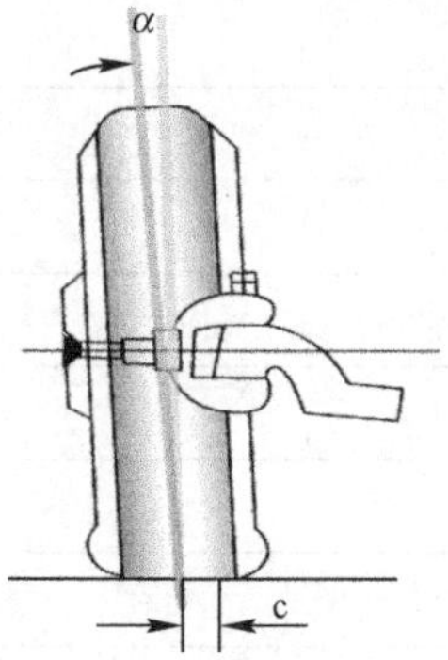 α c	② 查阅资料简述对行驶系影响

续表

（4）下图名称：	① 标准值：
R A	② 查阅资料简述对行驶系影响

2. 参考网络资源和维修资料，简述汽车后轮定位内容和作用

（1）后轮定位主要内容

（2）后轮定位的作用

三、 编制检查步骤

查阅索纳塔行驶系维修手册或网络资源，编制轮胎异常磨损维修检查步骤，填入表 1-2-11 中。

表 1-2-11

序号	检查步骤
1	
2	
3	
4	
5	
6	
7	
8	
9	
10	

四、编制工量具清单

查阅索纳塔行驶系维修手册，根据维修单，编制工具、材料清单，填入表 1-2-12 中。

表 1-2-12

工具名称	规格	材料名称	规格

五、编制维修方案

编制维修方案，填入表 1-2-13 中。

表 1-2-13

方案名称______________

1. 任务目标及依据
（填写说明：概括说明本次任务要达到的目标及相关文件和技术资料）

2. 工作内容安排
（填写说明：列出工作流程、工作要求、工量具材料、人员及时间安排等）

工作流程	工作要求	工量具材料	人员安排	时间安排

续表

3. 验收标准 （填写说明：本项目最终的验收相关项目的标准）
4. 有关安全注意事项及防护措施等 （填写说明：对行驶系检查的安全注意事项及防护措施，废弃物处理等进行具体说明）

六、评价表

请根据表1-2-14要求对本活动中的工作和学习情况进行打分。

表 1-2-14

评分项目			配分/分	评分细则	自评得分	小组评价	教师评价
素养（20分）	纪律情况（5分）	不迟到、早退	1	违反一次不得分			
		积极思考回答问题	2	根据上课统计情况得1～2分			
		三有一无（有本、笔、书，无手机）	2	不符合要求不得分			
		执行教师命令	0	此为否定项，违规酌情扣10～100分，违反校规按校规处理			
	职业道德（5分）	能与他人合作	3	不符合要求不得分			
		追求完美	2	对工作精益求精（能提出改进建议）且效果明显得2分			
	5S（5分）	场地、设备整洁干净	2	使用的工位、设备整洁无杂物，得2分；不合格不得分			
		零部件、工具摆放	2	整齐规范得2分；不合格不得分			
		服装整洁，不佩戴饰物	1	全部合格得1分			
	综合能力（5分）	阅读理解能力	5	2分钟内正确描述任务名称及要求得5分；超时或表达不完整得3分；其余不得分			
		创新能力（加分项）	5	新渠道正确查阅资料、优化基本检查顺序等，视情况得1～5分			

续表

评分项目			配分/分	评分细则	自评得分	小组评价	教师评价
核心技术(60分)	行驶系各部件组成及工作原理分析(15分)	车轮组成及工作原理分析	4	分析正确得4分;漏一项扣2分			
		悬架组成及工作原理分析	5	分析正确得5分;错一项扣2分			
		车桥组成及工作原理分析	4	分析正确得4分;错一项扣1分			
		车架组成及工作原理分析	2	分析正确得2分			
	车轮定位参数分析(7分)	主销后倾分析	1	分析正确得1分;错一项扣1分			
		主销内倾分析	1	分析正确得1分;错一项扣1分			
		前轮外倾分析	1	分析正确得12分;错一项扣1分			
		前轮前束分析	1	分析正确得1分;错一项扣1分			
		后轮定位参数分析	3	分析正确得3分;错一项扣1分			
	编制检查步骤(4分)	资料使用	2	正确查阅维修手册得2分;错误不得分			
		项目完整	1	完整得1分;错项漏项一项扣1分			
		提炼增项	1	正确得1分			
	编制工具清单(4分)	工量具选用和使用	1	全部正确得1分;错一项扣1分			
		时间要求	1	15分钟内完成得1分;每超过3分钟扣1分			
		质量要求	1	作业项目完整正确得1分			
		安全要求	1	违反一项基本检查不得分			
	编制维修方案(30分)	编制依据	3	编制依据正确得3分;错一项扣1分			
		工作流程	10	流程合理可行、逻辑清晰、内容完整得10分;错项漏项扣1分			
		工作要求	8	内容完整,要求项目正确可靠得8分;错项扣1分			
		人员安排	3	安排正确合理得3分;错误扣1分			
		时间安排	3	安排正确合理得3分;错误扣1分			
		验收标准	3	标准正确合理、齐全得3分;错项漏项扣1分			

续表

评分项目			配分/分	评分细则	自评得分	小组评价	教师评价
工作页完成情况（20分）	按时完成工作页	按时提交	5	按时提交得5分；迟交不得分			
		内容完成程度	5	视情况分别得1～5分			
		回答准确率	5	视情况分别得1～5分			
		字迹书面整洁	5	视情况分别得1～5分			
总分							
综合得分（自评20%，小组评价30%，教师50%）							
教师评价签字：				组长签字：			
请根据以上打分情况，对本活动当中的工作和学习状态进行总体评述（从素养的自我提升方面、职业能力的提升方面进行评述，分析自己的不足之处，描述对不足之处的改进措施）。							
教师指导意见：							

学习活动三：实施维修

建议学时：12学时

学习要求：通过该活动，能够完成轮胎异常磨损行驶系主要部件的检修和车轮定位的测量与调整。具体工作步骤及要求如表1-3-1所示。

表 1-3-1

序号	工作步骤	要求	学时	备注
1	车轮检查	按照维修手册要求，正确检查轮胎与轮辋	0.5学时	
2	轮胎更换	按照维修手册要求，正确完成轮胎更换及动平衡检查	2.5学时	
3	悬架与车桥检查	按照维修手册要求，正确完成悬架与车桥的检查	4学时	
4	车架检查	按照维修手册要求，正确完成车架的检查	1学时	
5	车轮定位参数测量与调整	能够正确操作四轮定位仪并完成车轮定位参数的测量与调整	4学时	

一、检查准备工作

(1) 实习场地 5S 检查

(2) 工具、量具准备

(3) 安全注意事项

二、检查车轮

检查车轮并填写记录于表 1-3-2 中。

表 1-3-2

序号	检查内容	检查标准	检查结果	维修方法
1	轮胎			
2	轮辋			
3	车轮轴承			
4	悬架连接部位			

三、更换轮胎

1. 查阅扒胎机维修手册，简述扒胎机的使用方法（表 1-3-3）

将扒胎机的使用方法填入表 1-3-3 中。

表 1-3-3

(1) 扒胎机实物图	(2) 扒胎机使用方法

2. 记录使用扒胎机更换轮胎方法、步骤和注意事项

（1）安全注意事项

____

____

____

（2）扒胎机更换轮胎方法、步骤

____

____

____

____

四、检查轮胎动平衡

1. 查阅维修资料或网络资源简述轮胎动平衡仪使用方法

表 1-3-4

（1）轮胎动平衡仪实物图	（2）动平衡检查时安全注意事项
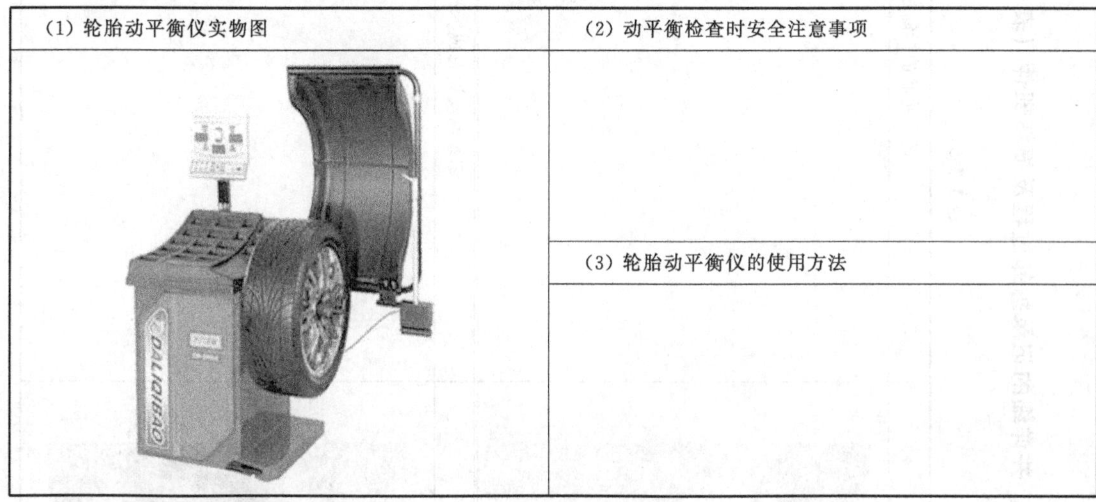	
	（3）轮胎动平衡仪的使用方法

2. 记录使用轮胎动平衡检查方法、步骤和注意事项

（1）安全注意事项

____

____

____

（2）轮胎动平衡检查方法、步骤

____

____

____

____

五、 检查悬架并填写记录单

1. 完成车轮轴承、球笼与半轴的拆卸，并详细的记录拆卸过程及损坏部件（表 1-3-5）

表 1-3-5

（1）拆卸轮胎	记录轮胎的拆卸过程	注意事项
		损坏部件
（2）拆卸制动钳总成	记录制动钳总成拆卸过程	注意事项
		损坏部件

续表

(3) 拆卸横拉杆球头和摆臂球头	记录横拉杆球头和摆臂球头的拆卸过程	注意事项
		损坏部件
(4) 拆下减震器导向柱与上支臂紧固螺丝	记录拆下减震器导向柱与上支臂紧固螺丝拆卸过程	注意事项
		损坏部件

续表

(5) 抽出制动器和半轴总称拆下半轴防尘套卡子，分解半轴总成	记录拆下半轴防尘套卡子分解半轴总成分解过程	注意事项
		损坏部件
(6) 更换车轮轴承	记录车轮轴承的更换方法	注意事项
		损坏部件

2. 检查车轮轴承、球笼与半轴，根据检查结果给出维修方法（表 1-3-6）

表 1-3-6

序号	检查内容	检查标准	检查结果	维修方法
1	车轮轴承			
2	防尘套			
3	内球笼			
4	外球笼			
5	半轴保护罩			
6	半轴			
7	花键			
8	轮毂			

3. 装配车轮轴承、球笼与半轴，并详细记录装配过程

4. 查阅维修资料找出各装配螺栓的拧紧力矩（表 1-3-7）

表 1-3-7

序号	螺栓名称	拧紧力矩/(N·m)
1	半轴外侧大螺母	
2	下臂球头和转向节	
3	横拉杆末端和转向节	
4	制动钳和转向节体	
5	上支臂和转向节	
6	制动钳和托架	
7	车轮大螺母	
8	减震器活塞杆螺母	
9	减震器上支架螺母	
10	减震器下支架螺母	

5. 完成前减震器的拆卸，并详细的记录拆卸过程及损坏部件（表 1-3-8）

表 1-3-8

（1）拆卸轮胎	记录拆卸轮胎的拆卸过程	注意事项
		损坏部件
（2）拆卸从减震器支架上拆下制动软管的固定螺栓，拆下传感器的固定螺栓	记录制动软管的固定螺栓，拆下传感器的固定螺栓的分解过程	注意事项
		损坏部件

续表

<table>
<tr><td>（3）拆卸减震器下部的固定螺栓与双叉臂球头连接螺栓</td><td>记录拆卸减震器下部的固定螺栓与拆卸双叉臂球头连接螺栓的拆卸过程</td><td>注意事项</td></tr>
<tr><td rowspan="3"></td><td rowspan="3"></td><td></td></tr>
<tr><td>损坏部件</td></tr>
<tr><td></td></tr>
<tr><td>（4）拆卸车架支撑上面的螺母</td><td>记录车架支撑上面的螺母的拆卸过程</td><td>注意事项</td></tr>
<tr><td rowspan="3">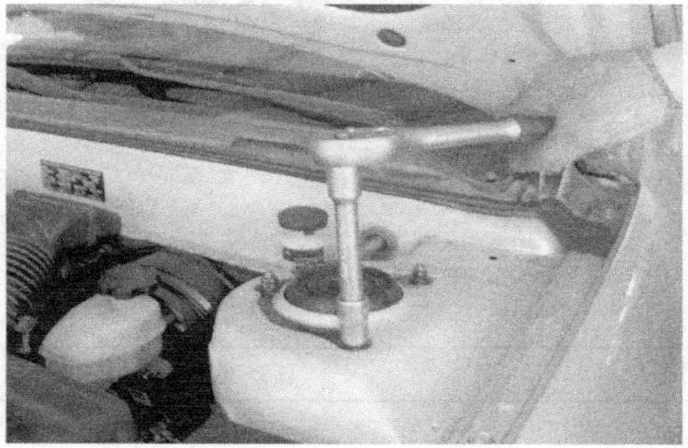</td><td rowspan="3"></td><td></td></tr>
<tr><td>损坏部件</td></tr>
<tr><td></td></tr>
</table>

6. 完成前减震器分解与组装，并详细的记录拆卸过程及损坏部件（表 1-3-9）

表 1-3-9

（1）用弹簧压缩器压紧弹簧	记录弹簧压缩器的压紧过程	注意事项
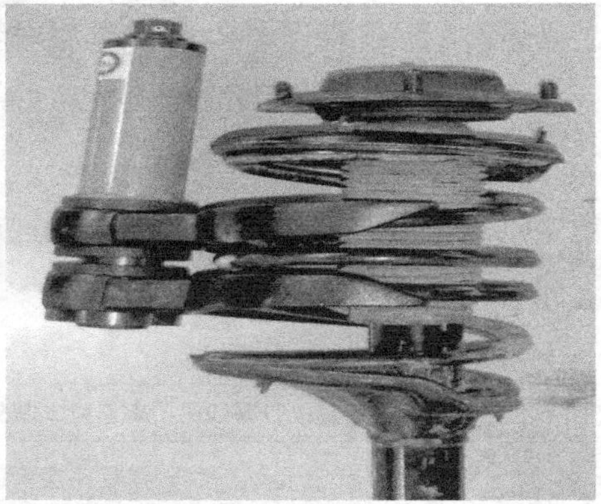		
		损坏部件
（2）用扳手拆卸减震器的自锁螺母	记录拆卸减震器的自锁螺母的分解过程	注意事项

		损坏部件

续表

<table>
<tr><td>(3) 分解减震器依次取下轴承座、弹簧座、防尘罩、减震块、弹簧</td><td>注意事项</td></tr>
<tr><td rowspan="3"></td><td></td></tr>
<tr><td>损坏部件</td></tr>
<tr><td></td></tr>
</table>

7. 检查减震器（表 1-3-10）

表 1-3-10

序号	检查内容	检查标准	检查结果	维修方法
1	支架总成			
2	防尘套			
3	防尘盖			
4	弹簧座			
5	弹簧			
6	伸张行程			
7	压缩行程			

8. 装配减震器并记录装配过程

9. 检修转向驱动桥上、下支臂（表 1-3-11）

表 1-3-11

（1）上、下支臂的结构图	（2）上、下支臂的拆卸过程记录

10. 完成上、下支臂的检修根据检查结果给出维修方法（表 1-3-12）

表 1-3-12

序号	检查内容	标准	检查结果	维修方法
1	轴套			
2	上臂			
3	下臂			
4	球头			

11. 装配前上、下支臂与减震器，并详细记录装配过程

12. 查阅维修资料找出各装配螺栓的拧紧力矩（表 1-3-13）

表 1-3-13

序号	螺栓名称	拧紧力矩/(N·m)
1	上臂球头螺母	
2	上臂轴螺母	
3	上臂装配螺母	
4	下悬臂固定螺栓	
5	下臂球头和转向节螺母	
6	叉臂及上臂连接螺母	
7	叉臂及支撑杆连接螺母	

六、检修后悬架并填写记录单

1. 索纳塔后悬架系统的拆卸过程（表 1-3-14）

表 1-3-14

(1) 后悬架系统结构图	(2) 后悬架系统拆卸过程记录
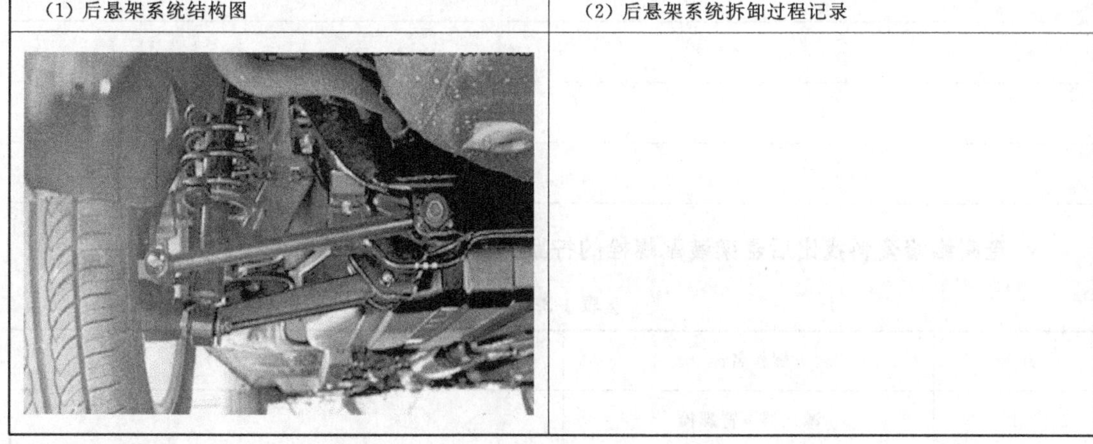	

2. 完成后上、下支臂的检查，根据检查结果给出维修方法（表 1-3-15）

表 1-3-15

序号	检查内容	检查标准	检查结果	维修方法
1	轴套			
2	上臂			
3	下臂			
4	球头			

3. 完成后减震器的检查，根据检查结果对比标准值给出维修方法（表 1-3-16）

表 1-3-16

序号	检查内容	检查标准	检查结果	维修方法
1	支架总成			
2	防尘套			
3	防尘盖			
4	弹簧座			
5	弹簧			
6	伸张行程			
7	压缩行程			

4. 装配后上、下支臂与减震器，并详细记录装配过程

5. 查阅维修资料找出后悬架装配螺栓的拧紧力矩（表 1-3-17）

表 1-3-17

序号	螺栓名称	拧紧力矩/(N·m)
1	减震器下臂螺栓	
2	后上臂至后托架螺栓	
3	后减震器	
4	后上臂后减震器支架	
5	后减震器自锁螺母	
6	中臂连接螺栓	
7	助力臂连接螺母	
8	悬臂连接螺母	

七、检查车架并填写记录单

将车架检查的相关内容填入表 1-3-18 中。

表 1-3-18

车架检查结果	发动机舱内纵梁检查结果	其他检查项目

八、测量车轮定位参数并填写记录单

查阅车轮定位仪使用手册和维修手册，完成下列相关内容。

1. 测量车轮定位时安全注意事项

____

____

____

____

2. 测量车轮定位准备工作

____

____

____

____

3. 测量车轮定位前对行驶系的检查项目（表 1-3-19）

表 1-3-19

序号	检查项目	检查标准	检查结果	是否正常
1				
2				
3				

续表

序号	检查项目	检查标准	检查结果	是否正常
4				
5				
6				
7				
8				
9				
10				
11				
12				
13				
14				
15				
16				
17				

4. 查阅维修资料和网络资源，简述车轮定位时的操作过程（表 1-3-20）

表 1-3-20

(1) 车辆要停止在工作台面的中间	安全注意事项

	停车位置要求

续表

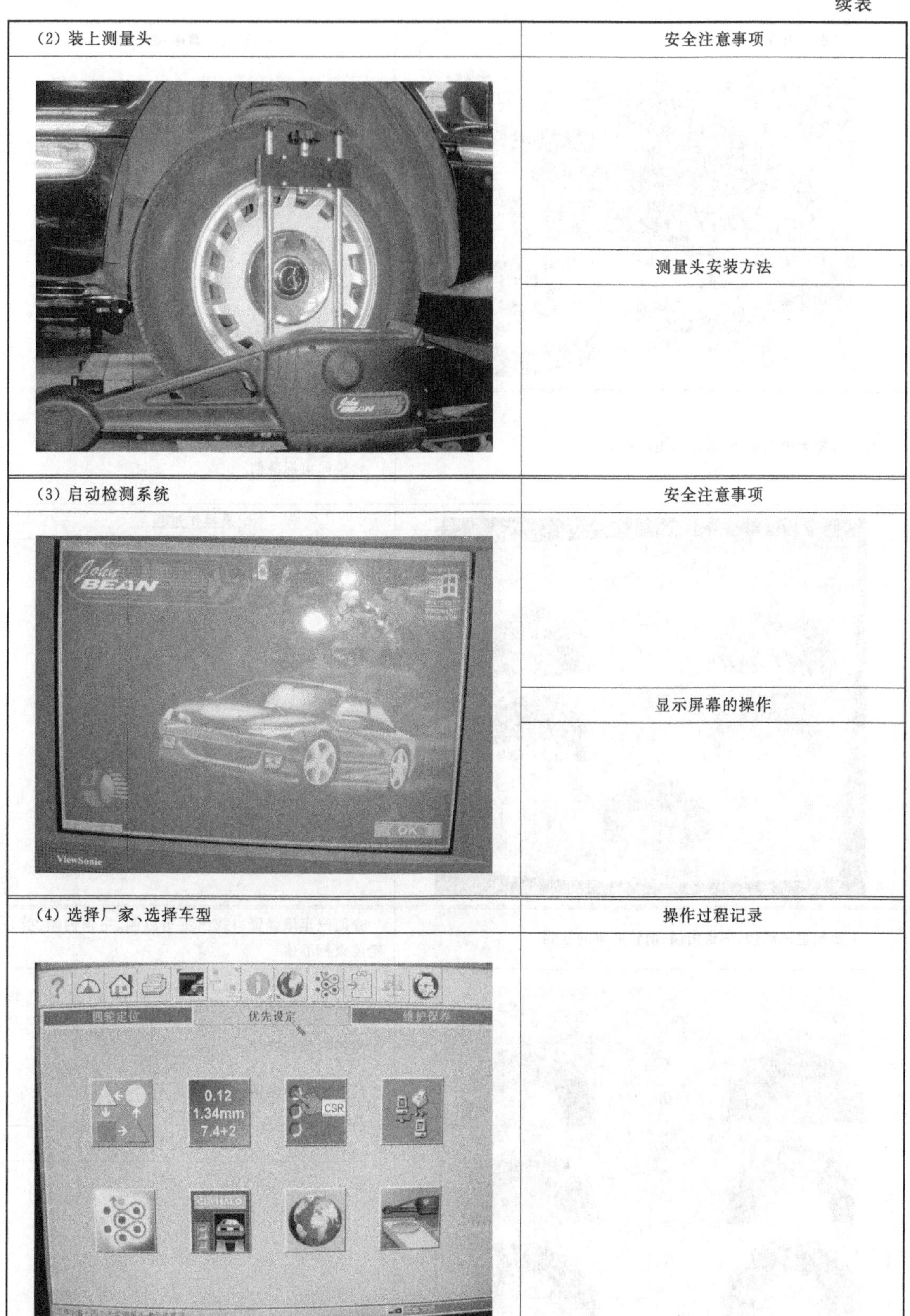

(2) 装上测量头	安全注意事项
	测量头安装方法
(3) 启动检测系统	安全注意事项
	显示屏幕的操作
(4) 选择厂家、选择车型	操作过程记录

续表

(5) 二次举升车辆	安全注意事项

	操作方法
(6) 后轮主销内倾角、后轮前束的检测	后轮主销内倾角标准值__________ 后轮前束标准值__________
	记录操作过程
(7) 前轮主销后倾、主销内倾、前轮前束的检测	查阅汽车维修资料找出主销后倾、主销内倾、前轮前束标准值
	主销后倾标准值__________ 主销内倾标准值__________ 前轮前束标准值__________
	记录操作过程

续表

(8) 前轮外倾的检测	查阅汽车维修资料找出前轮外倾 标准值______________
右轮外倾角 -0.5° 0.0° 0.5° -0.7° 0.4° OK	记录操作过程

5. 查阅维修资料和网络资源，简述车轮定位的调整部位（表 1-3-21）

表 1-3-21

序号	名称	调整部位
1	主销内倾	
2	主销后倾	
3	前轮外倾	
4	前轮前束	
5	后轮前束	
6	后轮外倾	

九、 操作评价表

根据表 1-3-22 内容进行操作评价。

表 1-3-22

序号	环节	评价点	配分	教师评价
1	车轮检查与更换 (20 分)	车轮的检查(3 分)	检查正确得 3 分 错一项扣 1 分	
		轮胎的检查(3 分)	检查正确得 3 分 错一项扣 1 分	
		轮胎的更换(7 分)	检查正确得 7 分 错一项扣 2 分	
		轮胎动平衡检查(7 分)	检查正确得 7 分 错一项扣 2 分	

续表

序号	环节	评价点	配分	教师评价
2	悬架检查(30分)	弹性元件检查(5分)	检查正确得5分 错一项扣2分	
		导向机构检查(10分)	检查正确得10分 错一项扣2分	
		减震器检查(15分)	检查正确得15分 错一项扣2分	
3	车架检查(15分)	车架检查(10分)	检查正确得10分 错一项扣2分	
		发动机舱内纵梁检查(5分)	检查正确得5分 错一项扣1分	
		其他检查(加分项)(2分)*创新点	有其他检查得2分,没有不加分	
4	车轮定位的检测及调整(35分)	车轮定位准备工作(5分)	检查正确得5分 错一项扣2分	
		定位参数的检测(20分)	检查正确得20分 错一项扣2分	
		定位参数的调整(10分)	检查正确得10分 错一项扣2分	

(共100分,占评价表的45%)

十、 评价表

根据表1-3-23的要求对本活动中的工作和学习情况进行打分。

表 1-3-23

评分项目			配分/分	评分细则	自评得分	小组评价	教师评价
素养(20分)	纪律情况(5分)	不迟到、早退	1	违反一次不得分			
		积极思考回答问题	2	根据上课统计情况得1～2分			
		三有一无(有本、笔、书,无手机)	2	不符合要求不得分			
		执行教师命令	0	此为否定项,违规酌情扣10～100分,违反校规按校规处理			
	职业道德(5分)	能与他人合作	3	不符合要求不得分			
		追求完美	2	对工作精益求精(能提出改进建议)且效果明显得2分			
	5S(5分)	场地、设备整洁干净	2	使用的工位、设备整洁无杂物,得2分;不合格不得分			
		零部件、工具摆放	2	整齐规范得2分;不合格不得分			
		服装整洁,不佩戴饰物	1	全部合格得1分			

续表

<table>
<tr><th colspan="3">评分项目</th><th>配分/分</th><th>评分细则</th><th>自评得分</th><th>小组评价</th><th>教师评价</th></tr>
<tr><td rowspan="2">素养
(20分)</td><td rowspan="2">综合能力
(5分)</td><td>阅读理解能力</td><td>5</td><td>2分钟内正确描述任务名称及要求得5分；超时或表达不完整得3分；其余不得分</td><td></td><td></td><td></td></tr>
<tr><td>创新能力(加分项)</td><td>5</td><td>新渠道正确查阅资料、优化基本检查顺序等，视情况得1～5分</td><td></td><td></td><td></td></tr>
<tr><td rowspan="4">核心技术
(60分)</td><td>行驶系各部件的检修(45分)</td><td colspan="6">详见操作评价表1-3-22</td></tr>
<tr><td rowspan="3">工具选用
(15分)</td><td>工量具选用</td><td>5</td><td>全部正确得5分；错一项扣1分</td><td></td><td></td><td></td></tr>
<tr><td>使用方法</td><td>5</td><td>使用方法正确得5分；错一项扣1分</td><td></td><td></td><td></td></tr>
<tr><td>安全要求</td><td>5</td><td>违反一项基本检查不得分</td><td></td><td></td><td></td></tr>
<tr><td rowspan="4">工作页完成情况
(20分)</td><td rowspan="4">按时完成工作页</td><td>按时提交</td><td>5</td><td>按时提交得5分；迟交不得分</td><td></td><td></td><td></td></tr>
<tr><td>内容完成程度</td><td>5</td><td>按情况分别得1～5分</td><td></td><td></td><td></td></tr>
<tr><td>回答准确率</td><td>5</td><td>视情况分别得1～5分</td><td></td><td></td><td></td></tr>
<tr><td>字迹书面整洁</td><td>5</td><td>视情况分别得1～5分</td><td></td><td></td><td></td></tr>
<tr><td colspan="5">总分</td><td></td><td></td><td></td></tr>
<tr><td colspan="5">综合得分(自评20%，小组评价30%，教师50%)</td><td colspan="3"></td></tr>
<tr><td colspan="4">教师评价签字：</td><td colspan="4">组长签字：</td></tr>
<tr><td colspan="8">请根据以上打分情况，对本活动当中的工作和学习状态进行总体评述(从素养的自我提升方面、职业能力的提升方面进行评述，分析自己的不足之处，描述对不足之处的改进措施)。</td></tr>
<tr><td colspan="8">教师指导意见：</td></tr>
</table>

学习活动四：竣工检验

建议学时：4学时

学习要求：通过该活动，能够完成车辆竣工检验，并编制填写竣工检验报告。具体工作步骤及要求见表1-4-1。

表 1-4-1

序号	工作步骤	要求	学时	备注
1	行驶系拆装部位检验	按照维修手册的要求检查各部件的安装和螺栓的扭矩	1学时	
2	路试	根据二级维护车辆检验单完成路试	1学时	
3	编制、填写竣工检验单	能够独立编制、填写竣工检验单，进行成本核算并给出合理的使用保养建议	1.5学时	
4	打扫场地卫生、合理处理废弃物	打扫场地卫生，擦拭使用工具、量具、检测仪器，合理处理废弃物	0.5学时	

一、 查询行驶系竣工检验标准

查阅 GB 7258—2012《机动车运行安全技术条件》行驶系竣工检验标准。

二、 路试前检查

行驶系各部件螺栓拧紧力矩并记录检查结果于表 1-4-2 中。

表 1-4-2

序号	螺栓名称	拧紧力矩/(N·m)	检查结果
1	轮胎固定螺栓		
2	车轮大螺母		
3	制动钳和转向节体		
4	横拉杆末端和转向节		
5	下臂球头和转向节		
6	半轴外侧大螺母		
7	上支臂和转向节		
8	制动钳和托架		
9	减震器上支架螺母		
10	减震器下支架螺母		
11	上臂球头螺母		
12	上臂装配螺母		
13	下臂球头和转向节螺母		
14	叉臂及上臂连接螺母		
15	叉臂及支撑杆连接螺母		
16	减震器下臂螺栓		
17	后上臂后减振器支架		
18	中臂连接螺栓		
19	助力臂连接螺母		
20	悬臂连接螺母		

三、 路试检验

1. 汽车维修竣工后路试的要求

2. 汽车维修竣工后路试时的安全注意事项

3. 查阅汽车维修资料或网络资源，找出汽车维修竣工后路试的主要内容（表 1-4-3）

表 1-4-3

汽车路试检查主要内容		
序号	检查项目	检查内容
1	整车外观	
2	发动机	
3	底盘	
4	电器	

4. 路试后填写汽车维修竣工检验单

汽车维修竣工检验单

编号

送修人		VIN 码		车型	
发动机号		底盘号		检查日期	

序号	项目	检查情况(有、是□√　无、否□×)
1	整车外观	整车是否周正(是□　否□)；　车窗、车门是否开启方便(是□　否□)； 车身漆面是否完好(是□　否□)；
2	发动机	运转是否均匀及稳定(是□　否□)；　发动机装备是否齐全有效(是□　否□)
3	操纵稳定性	有无跑偏(有□　无□)；　有无发抖(有□　无□)；　有无摆头(有□　无□)
4	变速器	有无泄漏(有□　无□)；　异响松脱(有□　无□)； 裂纹(有□　无□)；　换挡是否轻便灵活(有□　无□)；
5	离合器	有无打滑(有□　无□)；　有无发抖现象(有□　无□)； 分离是否彻底(有□　无□)；　结合是否平稳(有□　无□)；
6	传动轴	有无泄漏(有□　无□)；　有无异响(有□　无□)； 有无松脱(有□　无□)；　有无裂纹(有□　无□)；
7	驱动桥	主减速器有无泄漏(有□　无□)；　主减速器有无异响(有□　无□)； 主减速器有无过热(有□　无□)；
8	轮胎状况	有无异常磨损(有□　无□)；　老化、变形(有□　无□)； 装用是否符合要求(是□　否□)
9	转向盘	自由转动量是否符合规定(是□　否□)；　是否轻便(是□　否□) 有无卡滞和漏油(是□　否□)
10	转向角	左转向角度正常(有□　无□)　左转向角度正常(有□　无□) 转向时有无异响(有□　无□)
11	车架/悬架	有无松动(有□　无□)；　有无裂纹(有□　无□)；　有无断片(有□　无□)；
12	减震器	漏油(有□　无□)　防尘套破损(有□　无□)　弹簧裂纹(有□　无□)
13	转向机构	横拉杆及转向节臂有无弯曲裂损(有□　无□)；
14	横拉杆	防倾斜功能(有□　无□)　衬套更换(有□　无□) 连接球头是否松旷(有□　无□)；
15	整车制动	制动效果是否良好(是□　否□)；　ABS 是否参加工作(有□　无□)
16	驻车制动	制动效果是否良好(是□　否□)；
17	灯光	是否符合要求(是□　否□)；
18	喇叭	是否符合要求(是□　否□)

附加作业项目		
检验结论	维护厂家(章) 质检员签字(章)　　年　　月　　日	车主签字

四、填写车辆出厂检验单

北京现代特许销售服务商

车辆出厂检验单

维修委托书号：　　车牌号：　　入厂里程（km）：　　出厂里程（km）：　　检验日期：

修理后的检查：	状态良好	有待修正	路试：	状态良好	有待修正
对本次修理项目的基本检查	○	○	发动机的升速和降速	○	○
试车前检查：	状态良好	有待修正	变速器换挡的清晰度和行程	○	○
车轮紧固度	○	○	变速器换挡是否平顺	○	○
发动机各皮带轮及其驱动附件	○	○	驻车制动的行程和有效性	○	○
卡箍、管子的固定、管束以及电路线束是否坚固	○	○	刹车踏板的行程和有效性	○	○
附件皮带的状态和松紧度	○	○	仪表设备的操作运行	○	○
内部检查：	状态良好	有待修正	转向的精确度	○	○
内饰件及座椅是否整洁	○	○	暖风、通风、空气调节、循环状况	○	○
各电器设备和附件的运行	○	○	加速性能	○	○
方向盘的附件和方向盘的松旷度	○	○	整体表现、减震、车轮动平衡	○	○
外部检查：	状态良好	有待修正	方向保持能力、稳态行驶速度、加速、减速、刹车	状态良好	有待修正
车身零件：平整度和间隙	○	○	试车后的检查：	○	○
外观和油漆	○	○	发动机风扇的工作情况	○	○
检查是否有漆痕（轮胎、密封件、外部元件、车灯上等）	○	○	各密封件（发动机、变速器、转向机、减震器、制动和冷却系统）	○	○
检查喷漆是否有流挂或枯皮	○	○	各波纹管的状态、转向机、转向球头、变速器	○	○
车窗玻璃表面	○	○	排放检测	○	○
轮罩和装饰件的外观	○	○	电脑记忆数据读取	○	○
对客户的建议			对维修车间的建议		
			质检结果：	需要返修 □	质检合格 □

质检员签字：

五、 成本核算

请小组讨论，回顾整个任务的工作过程，列出所使用的耗材，并参考库房管理员提供的价格清单，对此次任务的单个样品使用耗材进行成本核算，并填入表 1-4-4。

表 1-4-4

序号	部件名称	规格	数量	单价/元	合计
1					
2					
3					
4					
5					
6					
7					
8					
9					
10					
11					
12					
合计					

六、 使用与保养建议

1. 向客户说明行驶系在日常保养中的注意事项。

2. 维修该项目后，保修期是多少？是否有相关依据？

3. 想一想：在维修过程中，哪些方面能够做到资源的节省与环保？

七、评价表

请根据表1-4-5要求对本活动中的工作和学习情况进行打分。

表 1-4-5

评分项目			配分/分	评分细则	自评得分	小组评价	教师评价
素养（20）	纪律情况（5分）	不迟到、早退	1	违反一次不得分			
		积极思考回答问题	2	根据上课统计情况得1～2分			
		三有一无（有本、笔、书，无手机）	2	不符合要求不得分			
		执行教师命令	0	此为否定项，违规酌情扣10～100分，违反校规按校规处理			
	职业道德（5分）	能与他人合作	3	不符合要求不得分			
		追求完美	2	对工作精益求精且效果明显得2分			
	5S（5分）	场地、设备整洁干净	2	使用的工位、设备整洁无杂物，得2分；不合格不得分			
		零部件、工具摆放	2	整齐规范得2分；不合格不得分			
		服装整洁，不佩戴饰物	1	全部合格得1分			
	综合能力（5分）	阅读理解能力	5	2分钟内正确描述任务名称及要求得5分；超时或表达不完整得3分；其余不得分			
		创新能力（加分项）	5	新渠道正确查阅资料、优化基本检查顺序等，视情况得1～5分			

续表

<table>
<tr><td colspan="3">评分项目</td><td>配分/分</td><td>评分细则</td><td>自评得分</td><td>小组评价</td><td>教师评价</td></tr>
<tr><td rowspan="8">核心技术（60分）</td><td rowspan="4">路试前车辆基本检查（20分）</td><td>工量具选用和使用</td><td>5</td><td>全部正确得5分；错一项扣1分</td><td></td><td></td><td></td></tr>
<tr><td>时间要求</td><td>5</td><td>15分钟内完成得5分；每超过2分钟扣1分</td><td></td><td></td><td></td></tr>
<tr><td>质量要求</td><td>10</td><td>作业项目完整正确得10分；错项漏项一项扣2分</td><td></td><td></td><td></td></tr>
<tr><td>安全要求</td><td>0</td><td>违反该项不得分</td><td></td><td></td><td></td></tr>
<tr><td rowspan="4">路试检测与分析（25分）</td><td>路试要求项目完整</td><td>5</td><td>完整得5分；漏一项扣1分</td><td></td><td></td><td></td></tr>
<tr><td>路试方法</td><td>5</td><td>全部正确得5分；错一项扣1分</td><td></td><td></td><td></td></tr>
<tr><td>原因分析</td><td>10</td><td>全部正确得10分；错一项扣2分</td><td></td><td></td><td></td></tr>
<tr><td>路试检测项目结果</td><td>5</td><td>清晰准确得5分；其他不得分</td><td></td><td></td><td></td></tr>
<tr><td rowspan="3">核心技术（60分）</td><td rowspan="3">编制竣工检验单（15分）</td><td>资料使用</td><td>5</td><td>正确查阅维修手册得5分；错误不得分</td><td></td><td></td><td></td></tr>
<tr><td>项目完整</td><td>5</td><td>完整得5分；错项漏项一项扣1分</td><td></td><td></td><td></td></tr>
<tr><td>提炼增项</td><td>5</td><td>正确得5分；错一项扣1分</td><td></td><td></td><td></td></tr>
<tr><td rowspan="4">工作页完成情况（20分）</td><td rowspan="4">按时完成工作页</td><td>按时提交</td><td>5</td><td>按时提交得5分；迟交不得分</td><td></td><td></td><td></td></tr>
<tr><td>内容完成程度</td><td>5</td><td>按情况分别得1～5分</td><td></td><td></td><td></td></tr>
<tr><td>回答准确率</td><td>5</td><td>视情况分别得1～5分</td><td></td><td></td><td></td></tr>
<tr><td>字迹书面整洁</td><td>5</td><td>视情况分别得1～5分</td><td></td><td></td><td></td></tr>
<tr><td colspan="5">总分</td><td></td><td></td><td></td></tr>
<tr><td colspan="5">综合得分（自评20%，小组评价30%，教师50%）</td><td colspan="3"></td></tr>
<tr><td colspan="4">教师评价签字：</td><td colspan="4">组长签字：</td></tr>
<tr><td colspan="8">请根据以上打分情况，对本活动当中的工作和学习状态进行总体评述（从素养的自我提升方面、职业能力的提升方面进行评述，分析自己的不足之处，描述对不足之处的改进措施）。</td></tr>
<tr><td colspan="8">教师指导意见：</td></tr>
</table>

学习活动五：总结拓展

建议学时：4学时

学习要求：通过本活动总结本项目的作业规范和核心技术并通过同类项目练习进行强化。具体工作步骤及要求见表 1-5-1。

表 1-5-1

序号	工作步骤	要求	学时	备注
1	撰写技术总结报告	正确分析故障原因及故障排除方法，提出合理的保养方案	2学时	
2	同类任务拓展练习	按各活动学习活动流程和标准要求，完成类似任务	2学时	

一、 撰写技术总结

要求：（1）字数1000字以上；

（2）语言表达清晰逻辑性强；

（3）能根据自身的学习过程突出个人收获与感想。

班级　　　　　　　　　　姓名　　　　　　　　　　日期　　　　　年　　月　　日

工作任务名称__________________

1. 故障现象描述

2. 故障原因分析

3. 故障排除方法

4. 总结

5. 保养维护建议

教师评语

二、 总结拓展

（1）总结大众迈腾 1.8L 行驶系的特点。

（2）大众迈腾 1.8L 行驶系的组成？

（3）大众迈腾行驶系与北京现代索纳塔行驶系有哪些区别？填入表 1-5-2 中。

表 1-5-2

项目	大众迈腾行驶系	索纳塔行驶系	备注
车架			
车桥			
悬架			
车轮			

（4）画出大众迈腾 1.8L 轿车轮胎异常磨损原因的鱼骨图（图 1-5-1）

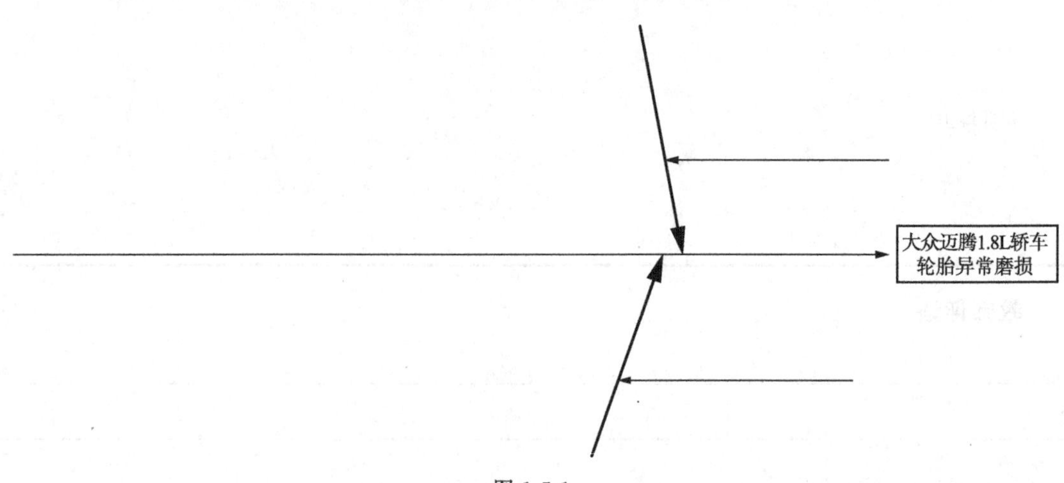

图 1-5-1

(5) 编制迈腾 1.8L 轿车轮胎异常磨损故障排除方案(表 1-5-3)

表 1-5-3

方案名称______________

(1) 任务目标及依据

(填写说明概括说明本次任务要达到的目标及相关文件和技术资料)

(2) 工作内容安排

(填写说明:列出工作流程、工作要求、工量具材料、人员及时间安排等)

工作流程	工作要求	工量具材料	人员安排	时间安排

(3) 验收标准

(填写说明:本项目最终的验收相关项目的标准)

(4) 有关安全注意事项及防护措施等

(填写说明:对行驶系的安全注意事项及防护措施,废弃物处理等进行具体说明)

三、评价表

请根据表 1-5-4 要求对本活动中的工作和学习情况进行打分。

表 1-5-4

项次	项目要求		配分/分	评分细则	自评得分	小组评价	教师评价
素养（20分）	纪律情况（5分）	不迟到、早退	1	违反一次不得分			
		积极思考回答问题	2	根据上课统计情况得1～2分			
		三有一无（有本、笔、书，无手机）	2	不符合要求不得分			
		执行教师命令	0	此为否定项，违规酌情扣10～100分，违反校规按校规处理			
	职业道德（5分）	能与他人合作	3	不符合要求不得分			
		追求完美	2	对工作精益求精且效果明显得2分			
	5S（5分）	场地、设备整洁干净	2	使用的工位、设备整洁无杂物，得2分；不合格不得分			
		零部件、工具摆放	2	整齐规范得2分；不合格不得分			
		服装整洁，不佩戴饰物	1	全部合格得1分			
	综合能力（5分）	阅读理解能力	5	2分钟内正确描述任务名称及要求得5分；超时或表达不完整得3分；其余不得分			
		创新能力（加分项）	5	新渠道正确查阅资料；优化基本检查顺序等，视情况得1～5分			
职业能力（60分）	技术总结（20分）	能完成技术总结	10	能够按时（40分钟）完成技术总结得10分；超过3分钟扣2分			
		技术总结条理清楚、分析合理	5	完整得5分；错项漏项一项扣2分			
		资料使用	5	正确查阅维修手册得5分；错误不得分			
		提炼增项	5	有增加项目得5分；没有增加项目不得分			
	使用建议（5分）	建议价值	5	按照建议的价值得1～5分			

续表

<table>
<tr><th>项次</th><th colspan="2">项目要求</th><th>配分/分</th><th>评分细则</th><th>自评得分</th><th>小组评价</th><th>教师评价</th></tr>
<tr><td rowspan="6">职业能力
(60分)</td><td rowspan="6">迈腾1.8L轮胎异常磨损故障排除方案
(35分)</td><td>资料使用</td><td>3</td><td>正确查阅维修手册得3分;错误不得分</td><td></td><td></td><td></td></tr>
<tr><td>检修项目完整</td><td>5</td><td>完整得5分;错项漏项一项扣1分</td><td></td><td></td><td></td></tr>
<tr><td>流程</td><td>15</td><td>流程正确得15分;错一项扣1分</td><td></td><td></td><td></td></tr>
<tr><td>标准</td><td>5</td><td>标准查阅正确完整得3分;错项漏项一项扣1分</td><td></td><td></td><td></td></tr>
<tr><td>工具、材料</td><td>5</td><td>完整正确得5分;错项漏项一项扣1分</td><td></td><td></td><td></td></tr>
<tr><td>安全注意事项及防护</td><td>2</td><td>完整正确,措施有效得2分;错项漏项一项扣1分</td><td></td><td></td><td></td></tr>
<tr><td rowspan="4">工作页完成情况
(20分)</td><td rowspan="4">按时完成工作页</td><td>及时提交</td><td>5</td><td>按时提交得5分;迟交不得分</td><td></td><td></td><td></td></tr>
<tr><td>内容完成程度</td><td>5</td><td>按完成情况分别得1~5分</td><td></td><td></td><td></td></tr>
<tr><td>回答准确率</td><td>5</td><td>视准确率情况分别得1~5分</td><td></td><td></td><td></td></tr>
<tr><td>独立完成</td><td>5</td><td>能独立程度分别得1~5分</td><td></td><td></td><td></td></tr>
<tr><td colspan="5">总分</td><td></td><td></td><td></td></tr>
<tr><td colspan="5">加权平均(自评20%,小组评价30%,教师50%)</td><td colspan="3"></td></tr>
<tr><td colspan="4">教师评价签字:</td><td colspan="4">组长签字:</td></tr>
<tr><td colspan="8">请根据以上打分情况,对本活动当中的工作和学习状态进行总体评述(从素养的自我提升方面、职业能力的提升方面进行评述,分析自己的不足之处,描述对不足之处的改进措施)。</td></tr>
<tr><td colspan="8">教师指导意见:</td></tr>
</table>

四、项目总体评价

根据表 1-5-5 的内容进行项目总体评价。

表 1-5-5

<table>
<tr><td>项次</td><td>项目内容</td><td>权重</td><td>综合得分(各活动加权平均分×权重)</td><td colspan="2">备注</td></tr>
<tr><td>1</td><td>明确任务</td><td>10%</td><td></td><td colspan="2"></td></tr>
<tr><td>2</td><td>制订方案</td><td>25%</td><td></td><td colspan="2"></td></tr>
<tr><td>3</td><td>实施维修</td><td>30%</td><td></td><td colspan="2"></td></tr>
<tr><td>4</td><td>检验交付</td><td>20%</td><td></td><td colspan="2"></td></tr>
<tr><td>5</td><td>总结拓展</td><td>15%</td><td></td><td colspan="2"></td></tr>
<tr><td>6</td><td colspan="2">合计</td><td></td><td colspan="2"></td></tr>
<tr><td>7</td><td colspan="2">本项目合格与否</td><td></td><td>教师签字</td><td></td></tr>
<tr><td colspan="6">请根据以上打分情况,对本项目当中的工作和学习状态进行总体评述(从素养的自我提升方面、职业能力的提升方面进行评述,分析自己的不足之处,描述对不足之处的改进措施)。</td></tr>
<tr><td colspan="6">教师指导意见</td></tr>
</table>

任务二

索纳塔转向异响故障诊断与排除

一、工作情境描述

朱先生驾驶一辆索纳塔 2006 款轿车去外地旅游，在回北京的途中发现车辆在转弯时有不正常的响声。随后将车辆送到 4S 店维修，经服务顾问检查试车后，确认转向系故障，报工时费 500 元，材料费在检测、拆解完毕后请客户签字确认。请于 4 小时之内在车间完成故障排除，通过该学习任务，提出合理的维修方案，并核算成本给予客户解释，在交车时针对此故障现象提供合理的使用和保养建议。

工作过程确保安全并符合 5S 规范，大修后车辆符合 GB 7258—2012《机动车运行安全技术条件》和《索纳塔汽车维修手册技术要求》。

二、学习活动及学时分配表

活动序号	学习活动	学时安排	备注
1	任务分析及检查	4 学时	
2	制订方案	6 学时	
3	实施维修	12 学时	
4	竣工检验	2 学时	
5	总结拓展	4 学时	

学习活动一：任务分析及检查

建议学时：4学时

学习要求：明确“索纳塔转向异响”任务的工作要求，能够确定并分析故障现象，掌握转向系的组成及作用，并编制故障树。具体工作步骤及要求见表2-1-1。

表2-1-1

序号	工作步骤	要求	学时	备注
1	识读任务书，确定故障现象	能快速准确明确任务要求并确定故障现象，在教师要求的时间内完成	1学时	
2	描述转向系组成与作用	能够简述转向系的组成与作用和转向传动过程	2学时	
3	编制索纳塔转向异响鱼骨图	根据转向系的组成和作用分析故障原因编制鱼骨图	1学时	

一、 接受工作任务

请根据工作情境描述填写接车单。

北京现代汽车__________特约销售服务店接车单

<table>
<tr><td>顾客姓名</td><td></td><td>车牌号</td><td></td><td>车型</td><td></td><td>顾客电话</td><td></td></tr>
<tr><td>VIN 号</td><td></td><td>行驶里程</td><td></td><td>车辆颜色</td><td></td><td>日期/时间</td><td></td></tr>
<tr><td colspan="8">客户问题描述</td></tr>
<tr><td colspan="8">免费保养□　　km 常规保养□　　故障车□　　大修□　　其他□</td></tr>
<tr><td colspan="3" rowspan="6"></td><td colspan="5">① 天气条件：□雨天　□晴天　□气温（　度）　□其他（　）</td></tr>
<tr><td colspan="5">② 路面条件：□高速路　□水泥路　□沥青路　□砂石路　□其他（　）
□平坦　□上坡　□下坡　□弯道（急/缓）　□其他（　）</td></tr>
<tr><td colspan="5">③ 行驶状态：□高速　□低速　□加速（急/缓）　□减速（急/缓）　□滑行</td></tr>
<tr><td colspan="5">④ 工作状态：□冷机　□热机　□启动　□（　）挡　□开空调　□其他（　）</td></tr>
<tr><td colspan="5">⑤ 发生频度：□经常　□就一次　□不定期　□（　）次　□其他（　）</td></tr>
<tr><td colspan="5">⑥ 其他：</td></tr>
<tr><td colspan="8">初期诊断项目</td></tr>
<tr><td colspan="8"></td></tr>
<tr><td colspan="2">预计费用：</td><td colspan="6"></td></tr>
</table>

环车检查

<table>
<tr><td colspan="2">非索赔旧件</td><td colspan="2">带走□　不带走□</td><td colspan="4" rowspan="12">外观检查（有损坏处○出）</td></tr>
<tr><td>方向机</td><td></td><td colspan="2" rowspan="11">油量显示（用➔标记）
FULL
EMPTY</td></tr>
<tr><td>车内仪表</td><td></td></tr>
<tr><td>车内电器</td><td></td></tr>
<tr><td>点烟器</td><td></td></tr>
<tr><td>座椅座垫</td><td></td></tr>
<tr><td>车窗</td><td></td></tr>
<tr><td>天窗</td><td></td></tr>
<tr><td>后视镜</td><td></td></tr>
<tr><td>安全带</td><td></td></tr>
<tr><td>车内饰</td><td></td></tr>
<tr><td>雨刮器</td><td></td></tr>
<tr><td>全车灯光</td><td></td><td colspan="6"></td></tr>
<tr><td>前车标</td><td></td><td>后车标</td><td></td><td>轮胎轮盖</td><td></td><td>随车工具</td><td></td></tr>
</table>

其他：

接车人签字：　　　　　　　　　　顾客签字：

注意：1. 此单据中预计费用是预估费用，实际费用以结算单中最终费用为准。

2. 将车辆交给我店检修时，已提示将车内贵重物品自行收起并妥善保管。如有遗失本店恕不负责。

公司地址：　　　　邮政编码：　　　　服务热线：　　　　24 小时救援电话：　　　　投诉电话：

二、确认故障现象

1. 描述实习车辆故障现象

2. 请写出故障确认方法（表 2-1-2）

表 2-1-2

经验确认法	仪器确认法	其他方法

三、分析故障案例

请根据工作情境描述的故障现象，查阅汽车维修手册或网络资源对案例进行分析（表 2-1-3）。

表 2-1-3

车型		故障现象	
故障原因			
维修方法			

四、描述转向系的组成和作用

1. 描述汽车转向系的作用

____

____

____

____

2. 标注液压动力转向装置各部位的名称（表 2-1-4）

表 2-1-4

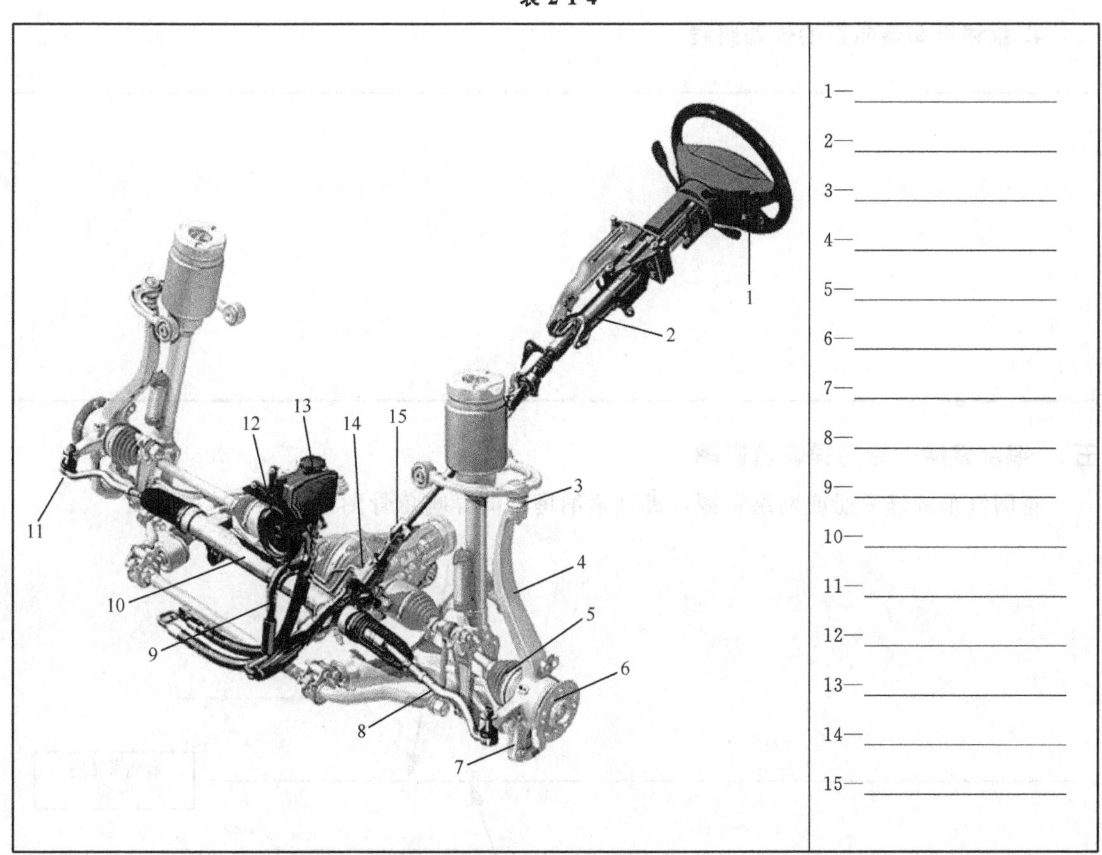	1—______ 2—______ 3—______ 4—______ 5—______ 6—______ 7—______ 8—______ 9—______ 10—______ 11—______ 12—______ 13—______ 14—______ 15—______

3. 描述液压动力转向系各部件的作用（表 2-1-5）

表 2-1-5

序号	名称	作用
1	转向盘	
2	动力轴	

续表

序号	名称	作用
3	转向柱	
4	转向控制阀	
5	转向器	
6	转向横拉杆	
7	转向节	
8	转向油泵	

4. 描述汽车转向系的传动路线

五、 编制索纳塔转向异响鱼骨图

查阅汽车维修手册或网络资源，编制索纳塔转向异响鱼骨图（图 2-1-1）。

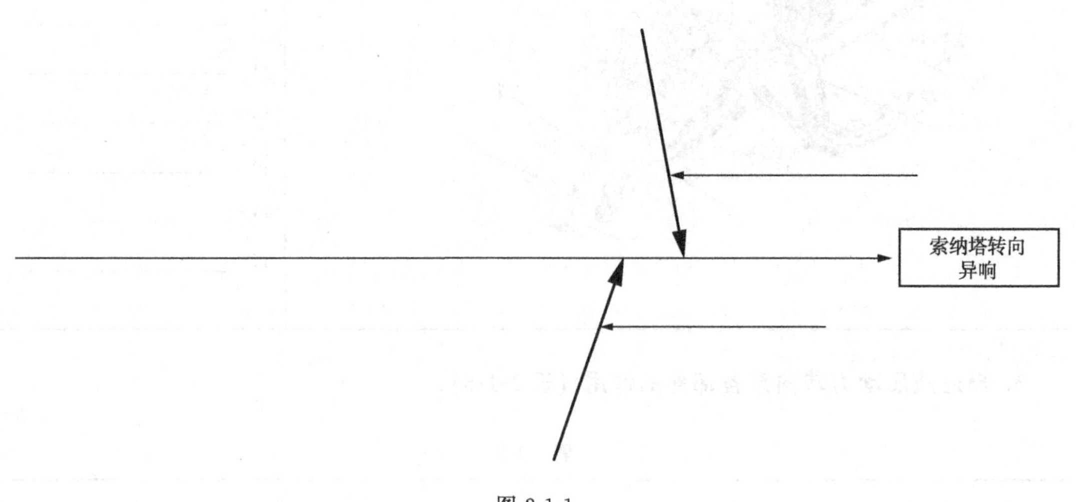

图 2-1-1

六、 评价表

请根据表 2-1-6 要求对本活动中的工作和学习情况进行打分。

表 2-1-6

评分项目			配分/分	评分细则	自评得分	小组评价	教师评价
素养（20分）	纪律情况（5分）	不迟到、早退	1	违反一次不得分			
		积极思考回答问题	2	根据上课统计情况得1～2分			
		三有一无（有本、笔、书，无手机）	2	不符合要求不得分			
		执行教师命令	0	此为否定项，违规酌情扣10～100分，违反校规按校规处理			
	职业道德（5分）	能与他人合作	3	不符合要求不得分			
		追求完美	2	对工作精益求精（能提出改进建议）且效果明显得2分			
素养（20分）	5S（5分）	场地、设备整洁干净	2	使用的工位、设备整洁无杂物，得2分；不合格不得分			
		零部件、工具摆放	2	整齐规范得2分；不合格不得分			
		服装整洁，不佩戴饰物	1	全部合格得1分			
	综合能力（5分）	阅读理解能力	5	2分钟内正确描述任务名称及要求得5分；超时或表达不完整得3分；其余不得分			
		创新能力（加分项）	5	新渠道正确查阅资料；优化基本检查顺序等，视情况得1～5分			
核心技术（60分）	转向异响的任务分析（25分）	任务分析	2	完整得2分；漏一项扣1分			
		案例分析	3	全部正确得3分；错一项扣1分			
		确认故障现象	3	全部正确得3分；错一项扣1分			
		正确分析转向系的组成及作用	10	清晰准确得10分；错一项扣2分			
		资料使用	2	正确查阅维修手册得2分；错误不得分			
		时间要求	2	120分钟内完成得2分；每超过3分钟扣1分			
		质量要求	3	作业项目完整正确每项得1分；错项漏项一项扣2分			
		安全要求	0	违反安全要求本项目为0分			

续表

<table>
<tr><th colspan="3">评分项目</th><th>配分/分</th><th>评分细则</th><th>自评得分</th><th>小组评价</th><th>教师评价</th></tr>
<tr><td rowspan="4">核心技术（60分）</td><td rowspan="4">编制鱼骨图(35分)</td><td>故障点齐全（8个点）</td><td>24</td><td>全部正确得24分;错一项扣3分</td><td></td><td></td><td></td></tr>
<tr><td>层次结构正确</td><td>6</td><td>全部正确得6分;错一项扣2分</td><td></td><td></td><td></td></tr>
<tr><td>时间要求</td><td>5</td><td>35分钟内完成得5分;超时2分钟扣1分</td><td></td><td></td><td></td></tr>
<tr><td>提炼增项为加分项</td><td>5</td><td>项目分类、顺序有创新，视情况得1～5分</td><td></td><td></td><td></td></tr>
<tr><td rowspan="4">工作页完成情况（20分）</td><td rowspan="4">按时完成工作页</td><td>按时提交</td><td>5</td><td>按时提交得5分;迟交不得分</td><td></td><td></td><td></td></tr>
<tr><td>内容完成程度</td><td>5</td><td>按情况分别得1～5分</td><td></td><td></td><td></td></tr>
<tr><td>回答准确率</td><td>5</td><td>视情况分别得1～5分</td><td></td><td></td><td></td></tr>
<tr><td>字迹书面整洁</td><td>5</td><td>视情况分别得1～5分</td><td></td><td></td><td></td></tr>
<tr><td colspan="5">总分</td><td></td><td></td><td></td></tr>
<tr><td colspan="5">综合得分(自评20%,小组评价30%,教师50%)</td><td colspan="3"></td></tr>
<tr><td colspan="4">教师评价签字：</td><td colspan="4">组长签字：</td></tr>
<tr><td colspan="8">请根据以上打分情况,对本活动当中的工作和学习状态进行总体评述(从素养的自我提升方面、职业能力的提升方面进行评述,分析自己的不足之处,描述对不足之处的改进措施)。</td></tr>
<tr><td colspan="8">教师指导意见：</td></tr>
</table>

学习活动二：制订方案

建议学时：6学时

学习要求：能够描述转向系各组成部分的工作原理，正确选用工具和材料，并最终编制维修方案。具体工作步骤及要求见表 2-2-1。

表 2-2-1

序号	工作步骤	要求	学时	备注
1	描述转向系各组成部分作用及工作原理	能够正确简述转向操纵装置、动力转向系各组成部分的作用及工作原理	3学时	
2	编制维修检查步骤	在45分钟内完成，检查步骤符合项目分类，实现操作方便维修时间缩短	1学时	
3	选用工具和材料	工具、材料清单完整，型号符合索纳塔车型和客户需求	0.5学时	
4	制订维修方案	任务描述清晰，检验标准符合厂家要求，工量具材料、维修内容和要求与流程表及维修手册对应	1.5学时	

一、描述动力转向系各部件组成、工作原理与检查内容

1. 描述转向操纵装置（表 2-2-2）

表 2-2-2

写出操纵装置各部位名称	写出各部分的检查内容	
	检查部位	检查内容
	转向盘	
	转向管柱	
	转向柱	
	调节手柄	

2. 描述动力转向器结构和工作原理

（1）描述齿轮齿条式动力转向器结构，填入表 2-2-3 中。

表 2-2-3

动力转向器结构图	各部位的名称
	1—防尘罩挡圈； 2—波纹防尘罩； 3—卡箍； (　　)—调整螺钉； 5—盖板； 6,12,14,19,22—密封圈； 7—弹簧座；8—弹簧； (　　)—压块； (　　)—转向控制； (　　)—齿轮； 15—铭牌；16—壳体； (　　)—缸筒； 18—端盖； (　　)—齿条； 21—衬套；23—卡环； (　　)—油封座； (　　)—挡圈

（2）描述齿轮齿条式动力转向器工作原理。

（3）转向器的检查部位与检查内容，填入表 2-2-4 中。

表 2-2-4

序号	检查部位	检查内容
1	齿轮、齿条	
2	控制阀	
3	轴承	
4	其他	

3. 描述转向传动装置组成和检查内容

（1）写出图 2-2-1 中转向传动装置各部位名称。

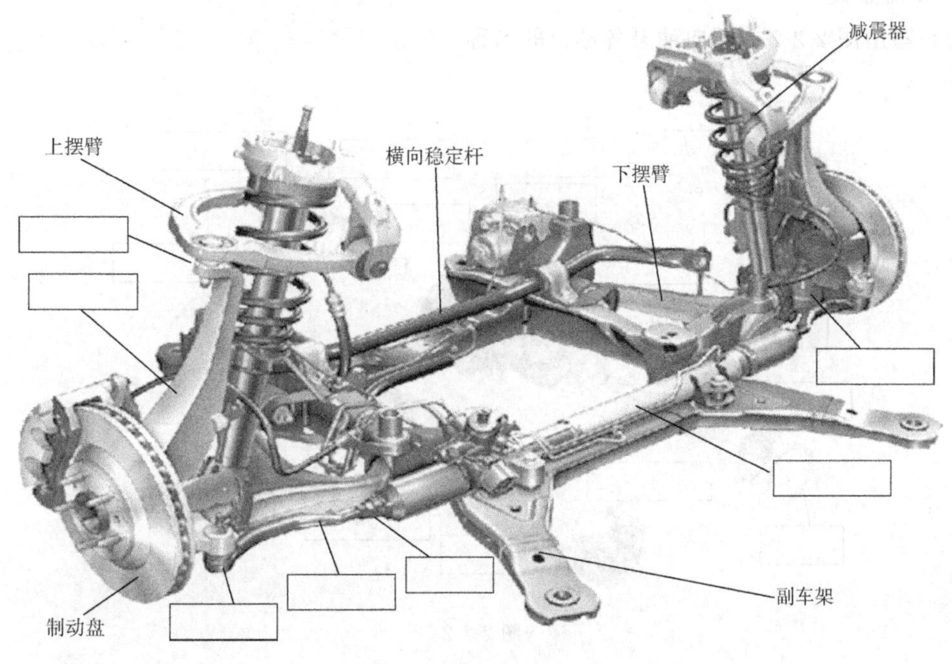

图 2-2-1

（2）写出转向传动机构的各部位的检查内容，填入表 2-2-5 中。

表 2-2-5

序号	检查部位	检查内容
1	横拉杆	
2	横拉杆连接球头	
3	转向节	
4	转向节上球头	
5	转向节上球头	
6	球笼、半轴	

4. 描述转向油罐的作用和检查内容（表 2-2-6）

表 2-2-6

（1）转向油罐的作用	（2）转向油罐的检查内容

5. 转向油泵

（1）写出图 2-2-2 中转向油泵各部位的名称。

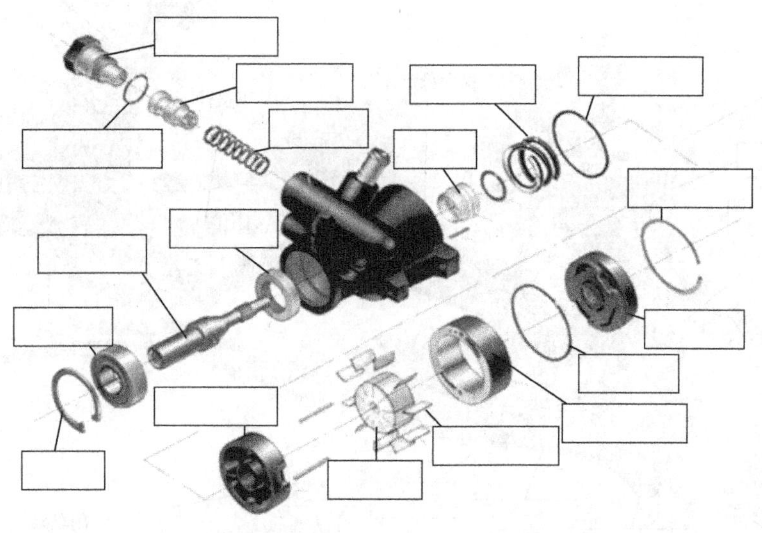

图 2-2-2

（2）描述转向油泵各组成部分的作用，填入表 2-2-7 中。

表 2-2-7

序号	名称	作用
1	转子	
2	定子	
3	叶片	
4	前配流盘	
5	后配流盘	
6	流量控制阀	

（3）油泵的工作原理，填入表 2-2-8 中。

表 2-2-8

油泵工作原理图	描述油泵的工作原理
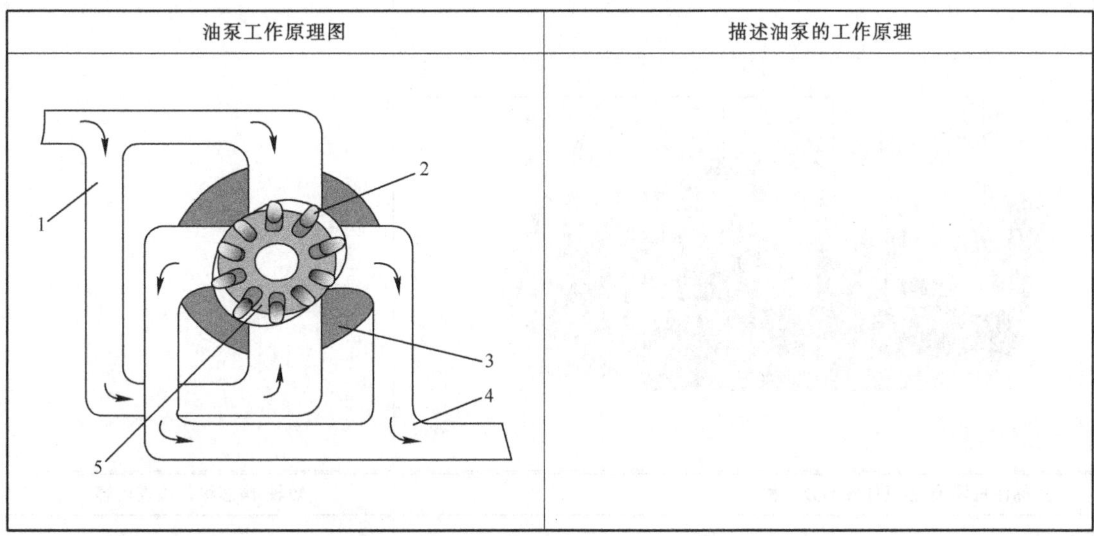	

（4）油泵的检查部位与检查内容，填入表 2-2-9 中。

表 2-2-9

序号	检查部位	检查内容
1	油封	
2	油泵轴和花键	
3	油泵内部零件	

6. 转向控制阀

（1）转向控制阀的组成和检查内容，填入表 2-2-10 中。

表 2-2-10

① 标注转阀组件各部分名称	转阀组件检查内容
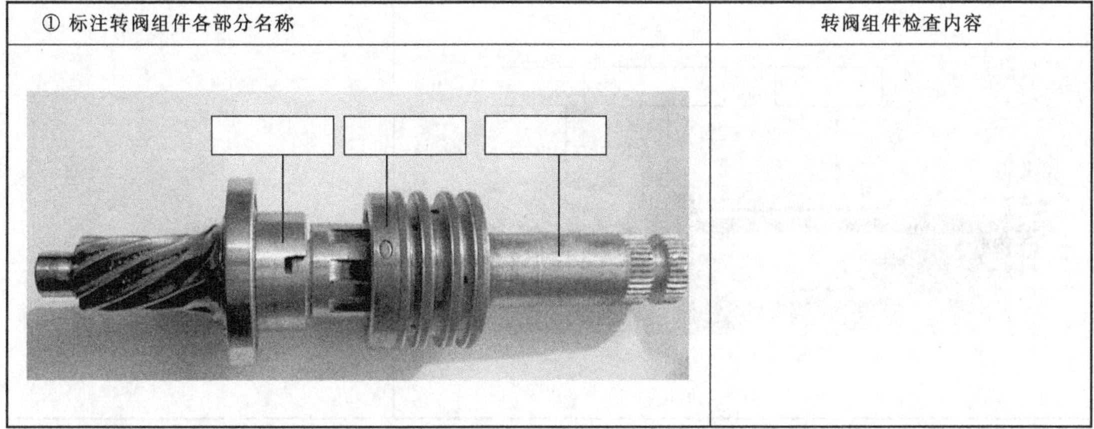	

续表

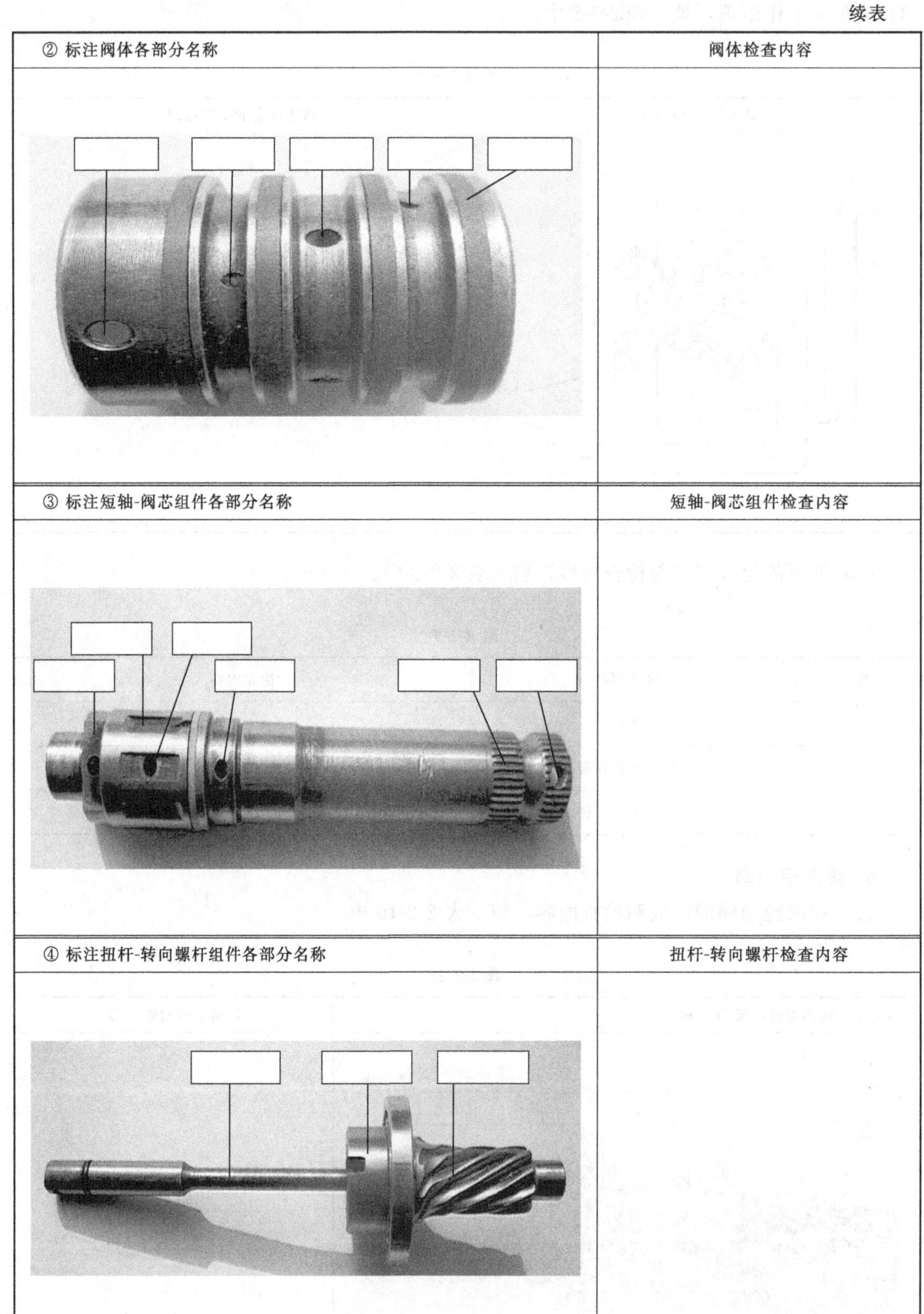

② 标注阀体各部分名称	阀体检查内容
③ 标注短轴-阀芯组件各部分名称	短轴-阀芯组件检查内容
④ 标注扭杆-转向螺杆组件各部分名称	扭杆-转向螺杆检查内容

（2）转向控制阀工作原理，填入表 2-2-11 中。

表 2-2-11

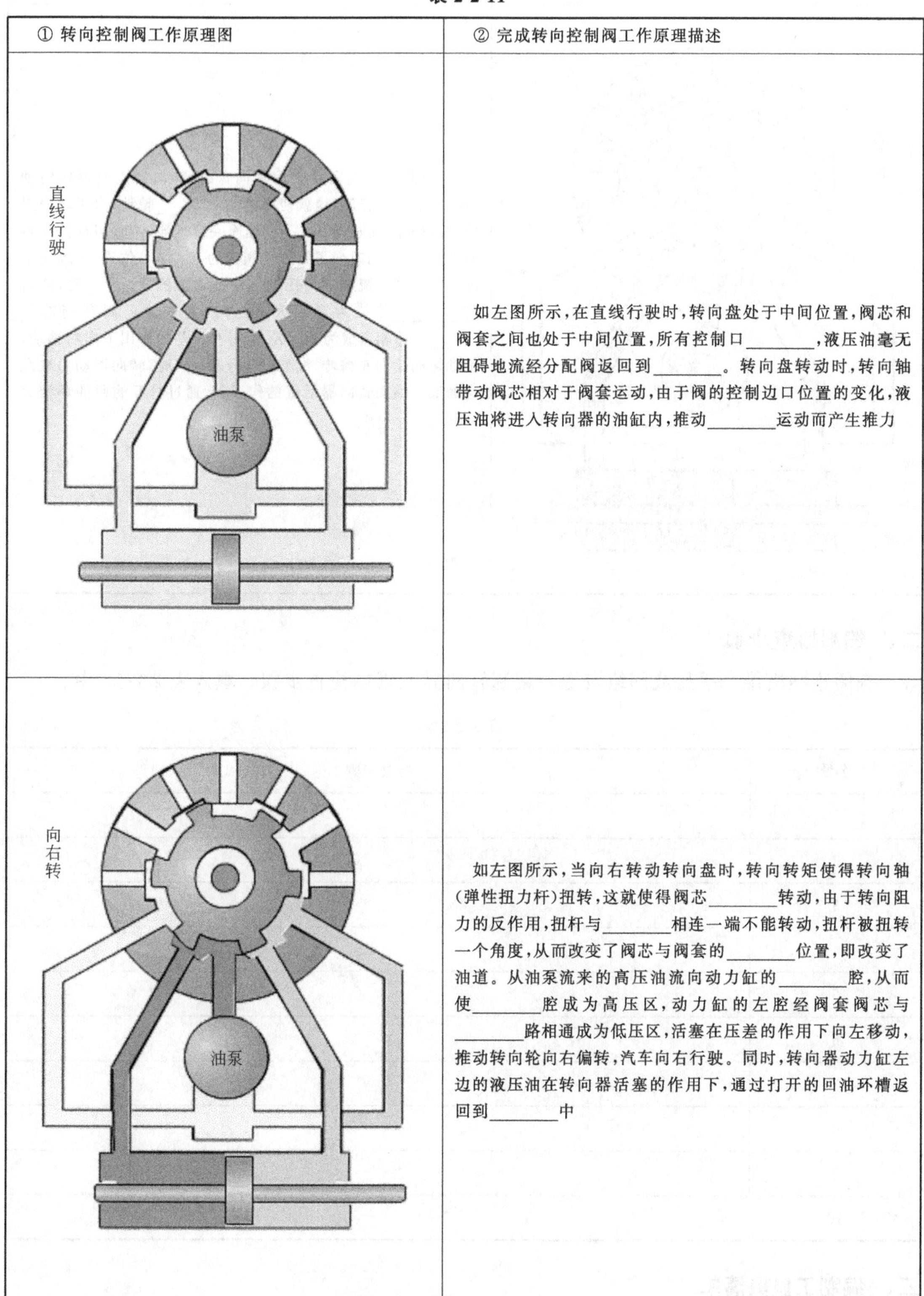

① 转向控制阀工作原理图	② 完成转向控制阀工作原理描述
直线行驶 油泵	如左图所示，在直线行驶时，转向盘处于中间位置，阀芯和阀套之间也处于中间位置，所有控制口________，液压油毫无阻碍地流经分配阀返回到________。转向盘转动时，转向轴带动阀芯相对于阀套运动，由于阀的控制边口位置的变化，液压油将进入转向器的油缸内，推动________运动而产生推力
向右转 油泵	如左图所示，当向右转动转向盘时，转向转矩使得转向轴（弹性扭力杆）扭转，这就使得阀芯________转动，由于转向阻力的反作用，扭杆与________相连一端不能转动，扭杆被扭转一个角度，从而改变了阀芯与阀套的________位置，即改变了油道。从油泵流来的高压油流向动力缸的________腔，从而使________腔成为高压区，动力缸的左腔经阀套阀芯与________路相通成为低压区，活塞在压差的作用下向左移动，推动转向轮向右偏转，汽车向右行驶。同时，转向器动力缸左边的液压油在转向器活塞的作用下，通过打开的回油环槽返回到________中

续表

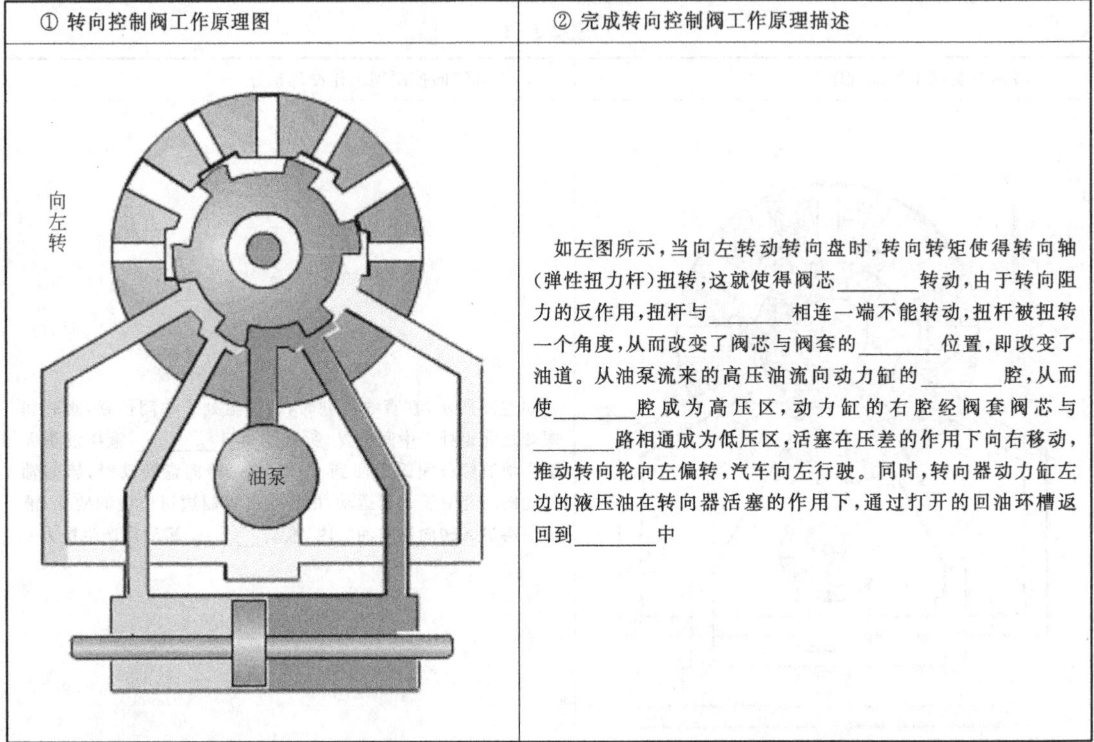

① 转向控制阀工作原理图	② 完成转向控制阀工作原理描述
	如左图所示，当向左转动转向盘时，转向转矩使得转向轴(弹性扭力杆)扭转，这就使得阀芯________转动，由于转向阻力的反作用，扭杆与________相连一端不能转动，扭杆被扭转一个角度，从而改变了阀芯与阀套的________位置，即改变了油道。从油泵流来的高压油流向动力缸的________腔，从而使________腔成为高压区，动力缸的右腔经阀套阀芯与________路相通成为低压区，活塞在压差的作用下向右移动，推动转向轮向左偏转，汽车向左行驶。同时，转向器动力缸左边的液压油在转向器活塞的作用下，通过打开的回油环槽返回到________中

二、 编制检查步骤

查阅索纳塔维修手册或网络资源，编制转向异响维修检查步骤，填入表 2-2-12 中。

表 2-2-12

序号	检查步骤
1	
2	
3	
4	
5	
6	
7	
8	
9	
10	

三、 编制工量具清单

查阅索纳塔维修手册，根据维修单，编制工具、材料清单，填入表 2-2-13 中。

表 2-2-13

工具名称	规格	材料名称	规格

四、编制维修方案

参照表 2-2-14 的提示，编制维修方案。

表 2-2-14

方案名称＿＿＿＿＿＿＿＿

1. 任务目标及依据
（填写说明：概括说明本次任务要达到的目标及相关文件和技术资料）

2. 工作内容安排
（填写说明：列出工作流程、工作要求、工量具材料、人员及时间安排等）

工作流程	工作要求	工量具材料	人员安排	时间安排

3. 验收标准
（填写说明：本项目最终的验收相关项目的标准）

4. 有关安全注意事项及防护措施等
（填写说明：对转向系检查的安全注意事项及防护措施，废弃物处理等进行具体说明）

五、 评价表

请根据表 2-2-15 的要求对本活动中的工作和学习情况进行打分。

表 2-2-15

评分项目			配分/分	评分细则	自评得分	小组评价	教师评价
素养(20)	纪律情况(5分)	不迟到、早退	1	违反一次不得分			
		积极思考回答问题	2	根据上课统计情况得1～2分			
		三有一无(有本、笔、书,无手机)	2	不符合要求不得分			
		执行教师命令	0	此为否定项,违规酌情扣10～100分,违反校规按校规处理			
	职业道德(5分)	能与他人合作	3	不符合要求不得分			
		追求完美	2	对工作精益求精(能提出改进建议)且效果明显得2分			
	5S(5分)	场地、设备整洁干净	2	使用的工位、设备整洁无杂物,得2分;不合格不得分			
		零部件、工具摆放	2	整齐规范得2分;不合格不得分			
		服装整洁,不佩戴饰物	1	全部合格得1分			
	综合能力(5分)	阅读理解能力	5	2分钟内正确描述任务名称及要求得5分;超时或表达不完整得3分			
		创新能力(加分项)	5	新渠道正确查阅资料;优化基本检查顺序等,视情况得1～5分			
核心技术(60分)	行驶系部件组成及工作原理分析(20分)	转向操纵装置组成及工作原理分析	3	分析正确得3分;漏一项扣1分			
		转向油泵组成及工作原理分析	5	分析正确得5分;错一项扣2分			
		动力转向器组成及工作原理分析	5	分析正确得5分;错一项扣2分			
		转向控制阀	5	分析正确得5分;错一项扣2分			
		转向传动机构	2	分析正确得2分;错一项扣1分			

续表

评分项目			配分/分	评分细则	自评得分	小组评价	教师评价
核心技术（60分）	编制检查步骤（5分）	资料使用	2	正确查阅维修手册得2分；错误不得分			
		项目完整	2	完整得2分；错项漏项一项扣1分			
		提炼增项	1	正确得1分			
	编制工具清单（5分）	工量具选用和使用	2	全部正确得2分；错一项扣1分			
		时间要求	1	15分钟内完成得1分；每超过3分钟扣1分			
		质量要求	1	作业项目完整正确得1分			
		安全要求	1	违反一项基本检查不得分			
	编制维修方案（30分）	编制依据	3	编制依据正确得3分；错一项扣1分			
		工作流程	10	流程合理可行，逻辑清晰，内容完整得10分；错项漏项扣1分			
		工作要求	8	内容完整，要求项目正确可靠得8分；错项扣1分			
		人员安排	3	安排正确合理得3分；错误扣1分			
		时间安排	3	安排正确合理得3分；错误扣1分			
		验收标准	3	标准正确合理，齐全得3分；错项漏项扣1分			
工作页完成情况（20分）	按时完成工作页	按时提交	5	按时提交得5分；迟交不得分			
		内容完成程度	5	按情况分别得1～5分			
		回答准确率	5	视情况分别得1～5分			
		字迹书面整洁	5	视情况分别得1～5分			
总分							
综合得分（自评20%，小组评价30%，教师50%）							
教师评价签字：				组长签字：			
请根据以上打分情况，对本活动当中的工作和学习状态进行总体评述（从素养的自我提升方面、职业能力的提升方面进行评述，分析自己的不足之处，描述对不足之处的改进措施）。							
教师指导意见：							

学习活动三：实施维修

建议学时：12学时

学习要求：通过该活动，能查阅维修手册，规范进行转向系主要部件的拆装与检查，能够完转向系主要部件的检测和技术状况的判定。具体工作步骤及要求见表2-3-1。

表 2-3-1

序号	工作步骤	要求	学时	备注
1	转向操纵装置检修	按照维修手册要求，规范进行转向操纵转向机构的拆卸、检查及技术状况的判定	2学时	
2	更换动力转向液	能够完成动力转向液的更换，排除转向系的气体与专项工作油压检查	2学时	
3	动力转向器检修	按照维修手册要求，规范转向传动机构、转向控制阀、转向器的拆装与检查及技术状况的判定	6学时	
4	转向油泵的检修	按照维修手册要求，正确完成转向油泵的检修	2学时	

一、 检查准备工作

1. 实习场地5S检查

2. 工具、量具准备

3. 安全注意事项

二、 检查转向液面并填写记录单

将记录填入表2-3-2中。

表 2-3-2

1. 转向油罐安装位置图	2. 转向油液的检查过程
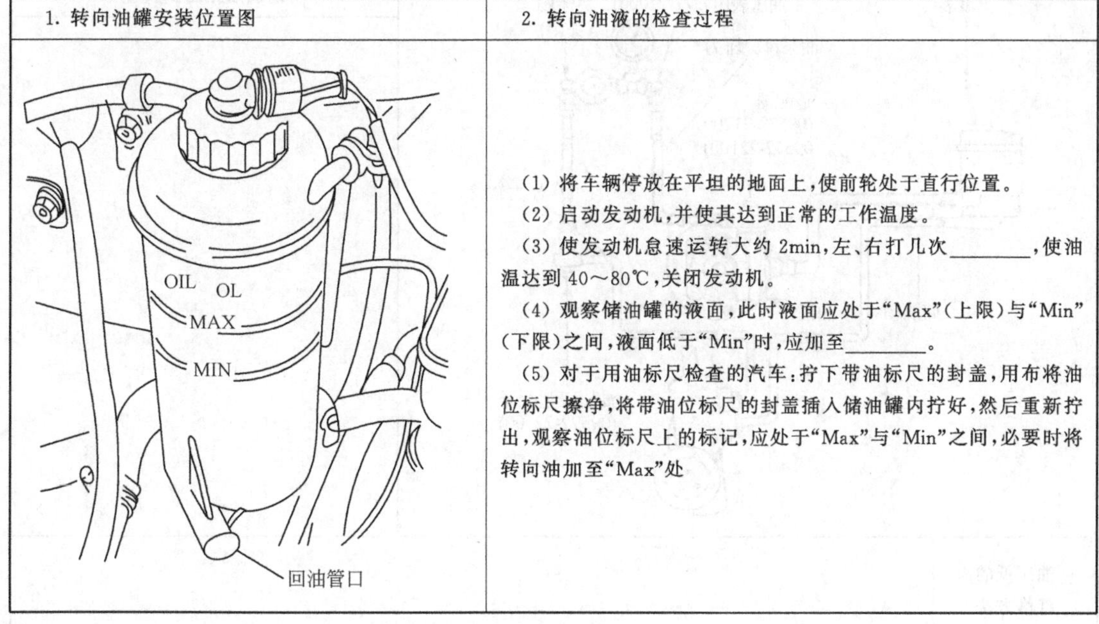	(1) 将车辆停放在平坦的地面上，使前轮处于直行位置。 (2) 启动发动机，并使其达到正常的工作温度。 (3) 使发动机怠速运转大约2min，左、右打几次________，使油温达到40～80℃，关闭发动机。 (4) 观察储油罐的液面，此时液面应处于“Max”(上限)与“Min”(下限)之间，液面低于“Min”时，应加至________。 (5) 对于用油标尺检查的汽车：拧下带油标尺的封盖，用布将油位标尺擦净，将带油位标尺的封盖插入储油罐内拧好，然后重新拧出，观察油位标尺上的标记，应处于“Max”与“Min”之间，必要时将转向油加至“Max”处

三、 更换转向油液并填写记录

1. 放出转向油（表 2-3-3）

表 2-3-3

序号	记录放油过程	注意事项
1		
2		
3		

2. 加注转向油、排气（表 2-3-4）

表 2-3-4

序号	记录加注转向油、排气过程	注意事项
1		
2		
3		
4		

四、 更换转向油液并填写记录单

将记录填于表 2-3-5 中。

表 2-3-5

<table>
<tr><td colspan="2">油压表连接图</td><td>标准油压是：________</td></tr>
<tr><td colspan="2" rowspan="2">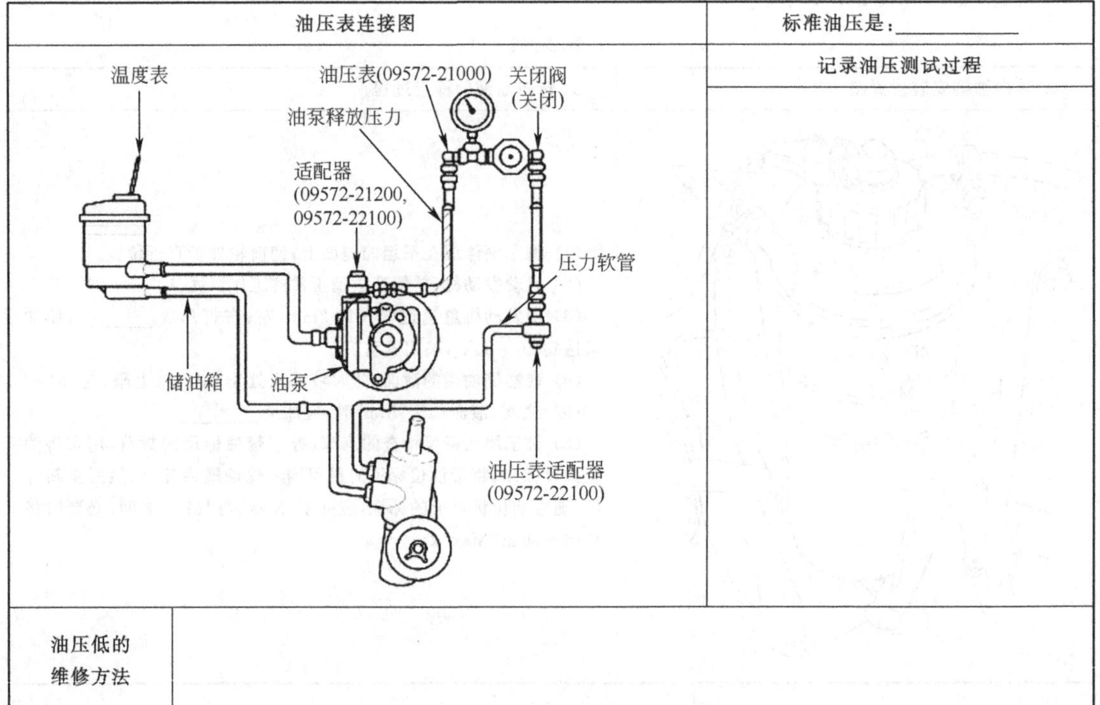
</td><td>记录油压测试过程</td></tr>
<tr><td></td></tr>
<tr><td>油压低的
维修方法</td><td colspan="2"></td></tr>
</table>

五、 检修方向盘及转向轴并填写记录单

1. 拆卸转向盘及转向轴并记录拆卸过程和注意事项（表 2-3-6）

表 2-3-6

(1) 拆卸安全气囊	记录拆装过程	注意事项
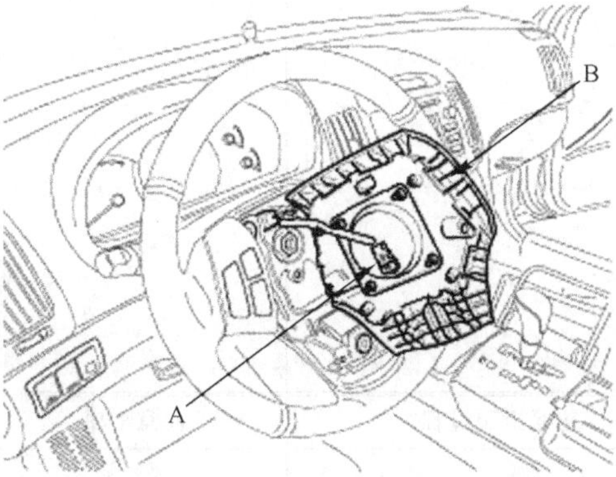 B A		
(2) 拆卸转向盘	记录拆装过程	注意事项
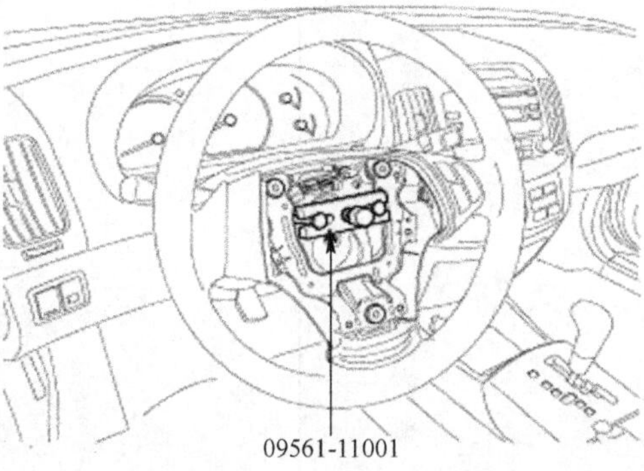 09561-11001		
(3) 拆卸时钟弹簧	记录拆装过程	注意事项
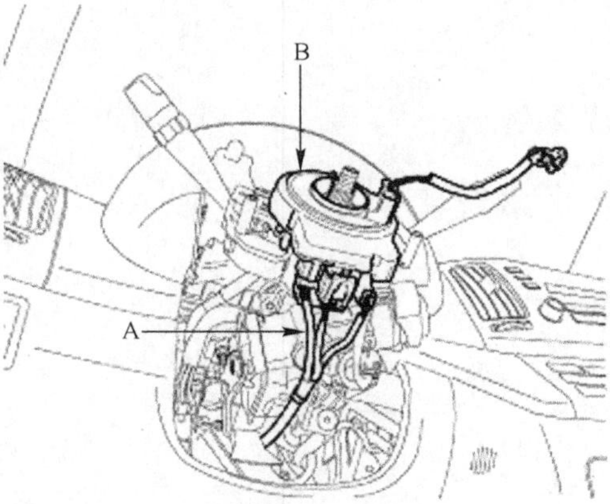 B A		

续表

(4) 拆卸组合开关	记录拆装过程	注意事项
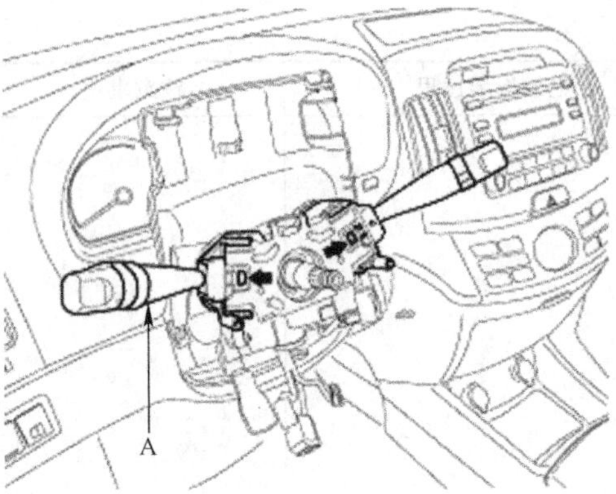 A		
(5) 拆下侧板和防撞装饰板	记录拆装过程	注意事项
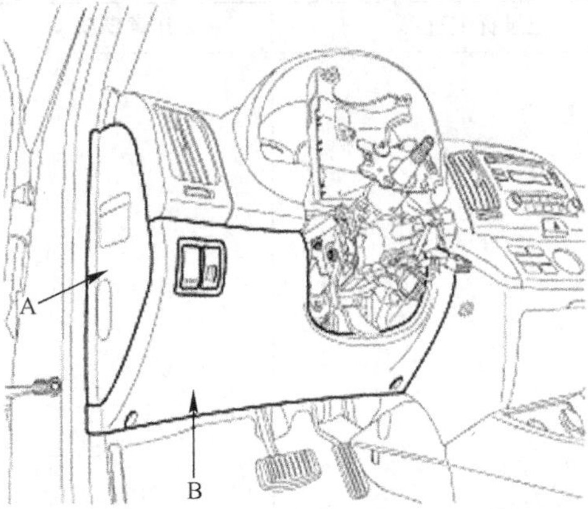 A B		
(6) 拆卸转向柱固定螺栓	记录拆装过程	注意事项
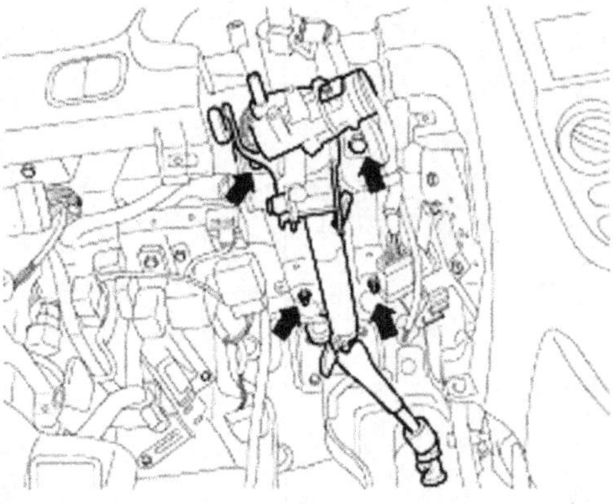		

2. 检查转向柱与转向轴并填写记录单（表 2-3-7）

表 2-3-7

序号	检查内容	检查标准	检查结果	维修方法
1	转向支架			
2	转向柱			
3	转向轴			
4	支撑轴承			
5	万向节			
6	转向锁止机构			

3. 安装转向柱及转向盘并记录安装过程和注意事项（表 2-3-8）

表 2-3-8

安装过程	注意事项

六、检修动力转向系并填写记录单

1. 拆卸分解动力转向器和转向控制阀（表 2-3-9）

表 2-3-9

(1) 拆卸前轮轮胎	参考轮胎磨损工作页	
(2) 分离转向万向节	记录拆卸过程	注意事项

续表

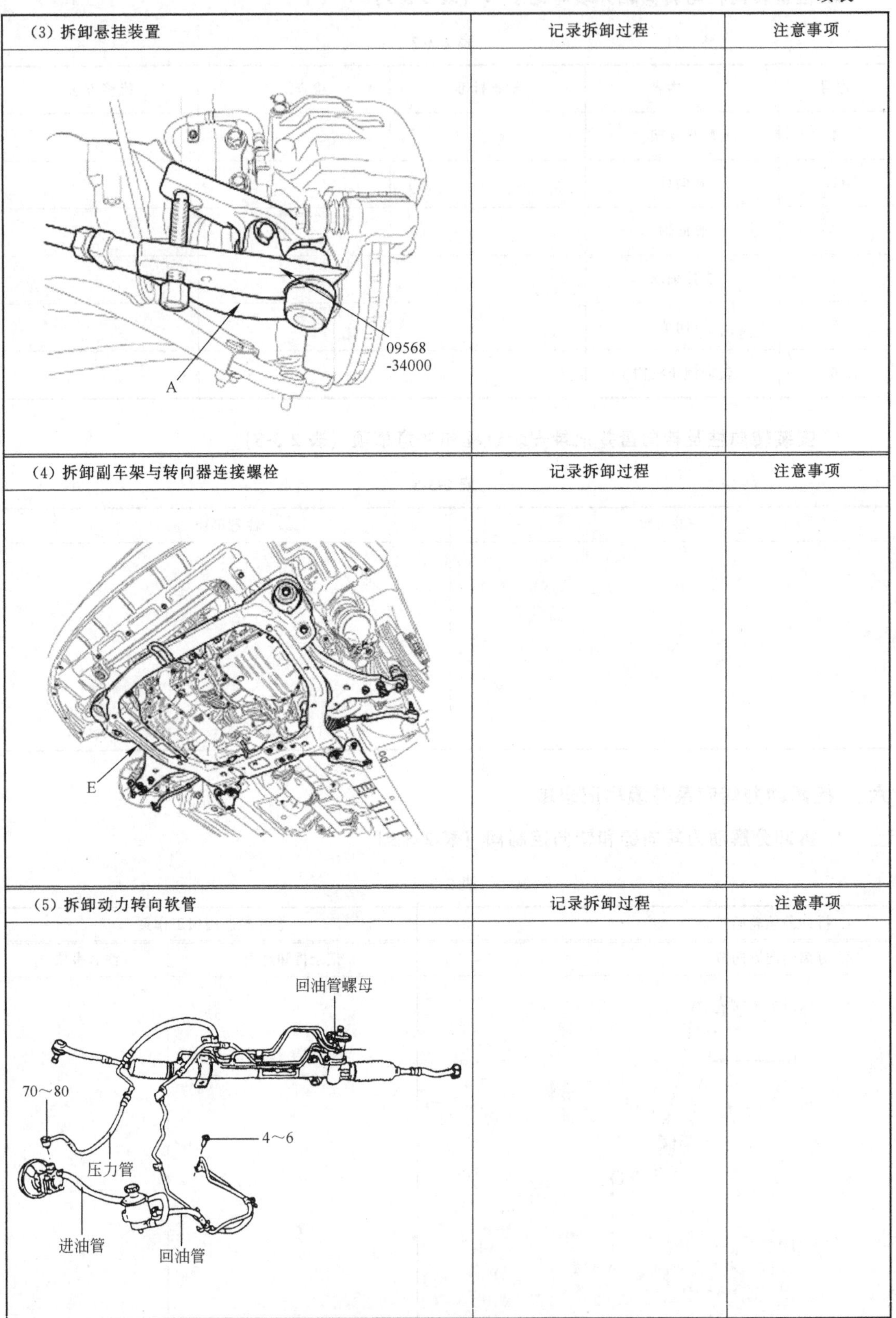

(3) 拆卸悬挂装置	记录拆卸过程	注意事项
(4) 拆卸副车架与转向器连接螺栓	记录拆卸过程	注意事项
(5) 拆卸动力转向软管	记录拆卸过程	注意事项

续表

<table>
<tr><td>（6）拆卸转向器总成</td><td>记录拆卸过程</td><td>注意事项</td></tr>
<tr><td>A</td><td></td><td></td></tr>
<tr><td>（7）分解动力转向器并记录分解过程</td><td colspan="2">注意事项</td></tr>
<tr><td></td><td colspan="2"></td></tr>
<tr><td>（8）分解转向控制阀并记录分解过程</td><td colspan="2">注意事项</td></tr>
<tr><td></td><td colspan="2"></td></tr>
</table>

2. 检查动力转向器并填写记录单（表 2-3-10）

表 2-3-10

序号	检查内容	检查标准	检查结果	维修方法
1	齿条齿面			
2	齿条弯曲			
3	油封			
4	O形圈			

3. 检查转向控制阀并填写记录单（表 2-3-11）

表 2-3-11

序号	检查内容	检查标准	检查结果	维修方法
1	齿轮齿面			
2	油封			
3	轴承			

4. 装配动力转向器和控制阀并记录装配过程（表 2-3-12）

表 2-3-12

记录动力转向器和控制阀过程	注意事项

5. 装配动力转向器并记录转向系部件的扭紧力矩（表 2-3-13）

表 2-3-13

项目	名称	扭紧力矩/(N·m)	扭紧力矩/(kgf·m)
转向柱和转向轴	气囊安装螺栓		
	转向柱固定螺栓(上)		
	转向柱固定螺栓(下)		
	转向柱前隔壁板		
	转向盘锁紧螺母		
	万向节		
转向器	进油管		
	回油管		
	横拉杆		
	横拉杆末端锁止螺母		
	调整塞锁止螺母		
	齿轮锁止螺母		
	端盖		
	供给管		
	横拉杆球头和转向节		
	横梁装配支架		

七、检修转向油泵并填写记录单

1. 拆卸转向油泵（表 2-3-14）

表 2-3-14

拆卸转向油泵并记录拆卸过程	注意事项

2. 分解转向油泵（表 2-3-15）

表 2-3-15

(1) 转向油泵分解图	(2) 分解油泵过程记录
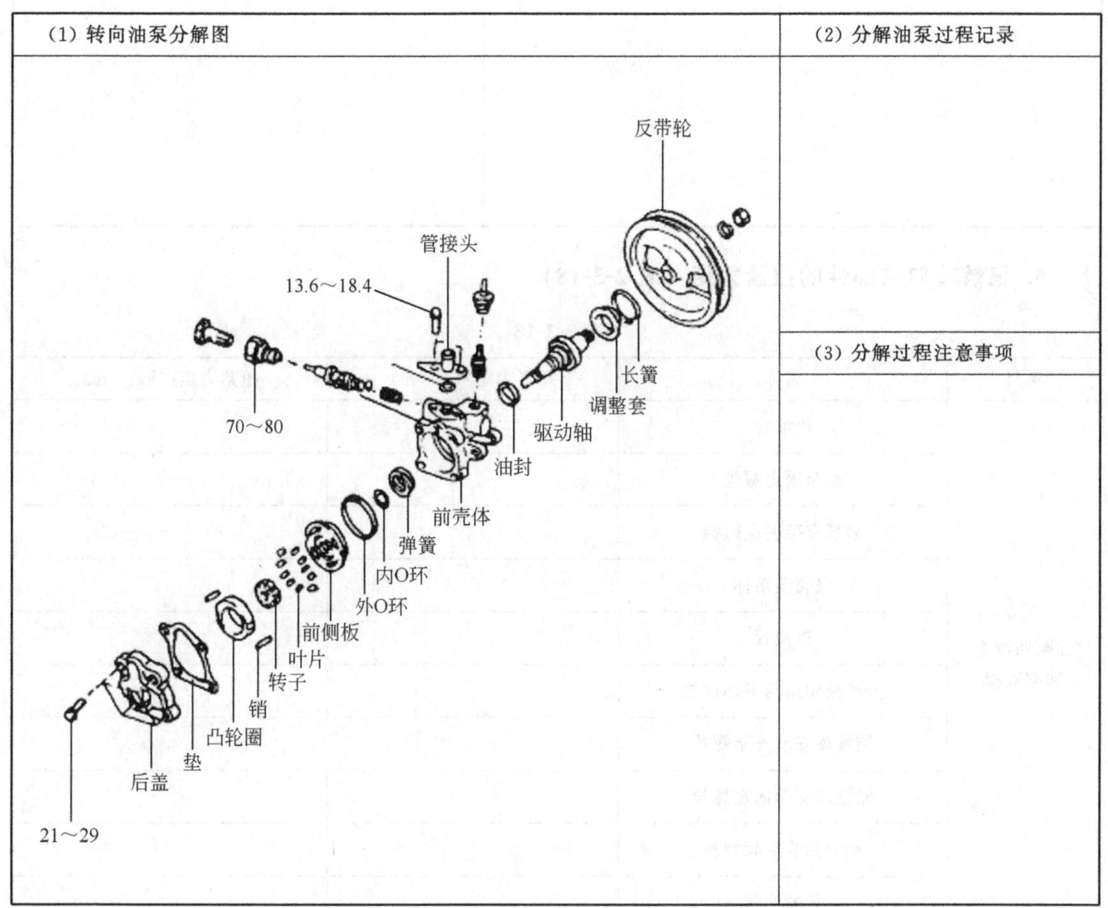	
	(3) 分解过程注意事项

3. 检查转向油泵并填写记录单（表 2-3-16）

表 2-3-16

序号	检查内容	检查标准	检查结果	维修方法
1	叶片			
2	内转子			
3	外转子			
4	配油盘			
5	前后盖			
6	驱动轴			
7	密封圈			

4. 装配转向油泵（表 2-3-17）

表 2-3-17

记录装配转向油泵过程	注意事项

5. 记录转向泵部件的扭紧力矩（表 2-3-18）

表 2-3-18

项目	名称	扭紧力矩/(N·m)	扭紧力矩/(kgf·m)
油泵回油管和储液罐	出油管		
	油泵固定螺丝		
	油泵支架固定螺栓		
	泵壳至泵体		
	进油管		
	流量控制阀与泵体连接		
	储液罐安装支架螺栓		
	储液罐支架固定螺栓		
	动力油管支架螺栓		
	锁紧油管		

八、操作评价表

根据表 2-3-19 的内容进行操作评价。

表 2-3-19

序号	环节	评价点	配分	教师评价
1	转向操纵装置拆装与检查（20 分）	拆装安全气囊（5 分）	拆装方法正确得 5 分；错一项扣 2 分	
		转向盘时钟弹簧拆装与检修（5 分）	拆装、检查方法正确得 5 分；错一项扣 2 分	
		装饰板拆装方法（5 分）	拆装方法正确得 5 分；错一项扣 2 分	
		转向轴、调节机构拆装与检修（5 分）	拆装、检查方法正确得 5 分；错一项扣 2 分	
2	更换转向助力液与检测油压（30 分）	液面检查正确（5 分）	检查正确得 5 分；错一项扣 2 分	
		正确更换转向油液（10 分）	正确得 10 分；错一项扣 2 分	
		正确检测油压（15 分）	检查正确得 15 分；错一项扣 2 分	
3	助力转向器控制阀的检查（30 分）	正确完成助力器拆装（15 分）	拆装方法正确得 15 分；错一项扣 2 分	
		正确检查助力转向器（10 分）	检查正确得 10 分；错一项扣 2 分	
		正确完成控制阀的拆装（5 分）	检查正确得 5 分；错一项扣 2 分	
4	转向传动机构的拆装与检查（20 分）	转向节连接球头检查（5 分）	检查正确得 5 分；错一项扣 2 分	
		横拉杆调节方法正确（10 分）	检查正确得 20 分；错一项扣 2 分	
		转向球笼检查方法正确（5 分）	检查正确得 10 分；错一项扣 2 分	

（总分 100 分，占评价表的 45%）

九、 评价表

请根据表 2-3-20 的要求对本活动中的工作和学习情况进行打分。

表 2-3-20

评分项目			配分/分	评分细则	自评得分	小组评价	教师评价
素养（20 分）	纪律情况（5 分）	不迟到、早退	1	违反一次不得分			
		积极思考回答问题	2	根据上课统计情况得 1～2 分			
		三有一无（有本、笔、书，无手机）	2	不符合要求不得分			
		执行教师命令	0	此为否定项，违规酌情扣 10～100 分，违反校规按校规处理			
	职业道德（5 分）	能与他人合作	3	不符合要求不得分			
		追求完美	2	对工作精益求精（能提出改进建议）且效果明显得 2 分			
	5S（5 分）	场地、设备整洁干净	2	使用的工位、设备整洁无杂物，得 2 分；不合格不得分			
		零部件、工具摆放	2	整齐规范得 2 分；不合格不得分			
		服装整洁，不佩戴饰物	1	全部合格得 1 分			
	综合能力（5 分）	阅读理解能力	5	2 分钟内正确描述任务名称及要求得 5 分；超时或表达不完整得 3 分；其余不得分			
		创新能力（加分项）	5	新渠道正确查阅资料、优化基本检查顺序等，视情况得 1～5 分			
核心技术（60 分）	转向系各部件的检修（45 分）	详见操作评价表 2-3-19					
	工具选用（15 分）	工量具选用	5	全部正确得 5 分；错一项扣 1 分			
		使用方法	5	使用方法正确得 5 分错一项扣 1 分			
		安全要求	5	违反一项基本检查不得分			

续表

<table>
<tr><td colspan="3">评分项目</td><td>配分/分</td><td>评分细则</td><td>自评得分</td><td>小组评价</td><td>教师评价</td></tr>
<tr><td rowspan="4">工作页完成情况（20分）</td><td rowspan="4">按时完成工作页</td><td>按时提交</td><td>5</td><td>按时提交得5分；迟交不得分</td><td></td><td></td><td></td></tr>
<tr><td>内容完成程度</td><td>5</td><td>按情况分别得1～5分</td><td></td><td></td><td></td></tr>
<tr><td>回答准确率</td><td>5</td><td>视情况分别得1～5分</td><td></td><td></td><td></td></tr>
<tr><td>字迹书面整洁</td><td>5</td><td>视情况分别得1～5分</td><td></td><td></td><td></td></tr>
<tr><td colspan="5">总分</td><td></td><td></td><td></td></tr>
<tr><td colspan="5">综合得分(自评20%，小组评价30%，教师50%)</td><td colspan="3"></td></tr>
<tr><td colspan="4">教师评价签字：</td><td colspan="4">组长签字：</td></tr>
<tr><td colspan="8">请根据以上打分情况，对本活动当中的工作和学习状态进行总体评述(从素养的自我提升方面、职业能力的提升方面进行评述，分析自己的不足之处，描述对不足之处的改进措施)。</td></tr>
<tr><td colspan="8">教师指导意见：</td></tr>
</table>

学习活动四：竣工检验

建议学时：2学时

学习要求：通过该活动，能够完成转向系检修后车辆竣工检验，并编制填写竣工检验报告。具体工作步骤及要求见表 2-4-1。

表 2-4-1

序号	工作步骤	要求	学时	备注
1	转向系检验	按照维修手册的要求，完成转向系工作性能的检验	0.5学时	
2	路试	根据车辆检验单完成路试	0.5学时	
3	编制、填写竣工检验单	能够独立编制、填写竣工检验单，进行成本核算并给出合理的使用保养建议	0.5学时	
4	打扫场地卫生合理处理废弃物	打扫场地卫生，擦拭使用工具、量具、检测仪器，合理处理废弃物	0.5学时	

一、 查询转向系竣工检验标准

查阅 GB 7258—2012《机动车运行安全技术条件》转向系竣工检验标准

____

____

____

____

二、 路试前转向系检验

1. 检查储液罐液面

（1）静态液面位置：______________________

（2）动态液面：______________________

2. 检查转向系工作时压力是：______________________

三、 路试检验

1. 汽车转向系维修竣工后路试的要求

____

____

____

____

2. 汽车转向系维修竣工后路试时安全注意事项

____

____

____

____

3. 查阅汽车维修资料或网络资源，找出汽车维修竣工后路试的主要内容（表 2-4-2）

表 2-4-2

汽车路试检查主要内容		
序号	检查项目	检查内容
1	整车外观	
2	发动机	
3	底盘	
4	电器	

4. 路试后填写汽车维修竣工检验单

汽车维修竣工检验单

编号

送修人		VIN 码		车型	
发动机号		底盘号		检查日期	

序号	项目	检查情况(有、是□√　　无、否□×)
1	整车外观	整车是否周正(是□　否□)；　车窗、车门是否开启方便(是□　否□)； 车身漆面是否完好(是□　否□)；
2	发动机	运转是否均匀及稳定(是□　否□)；　发动机装备是否齐全有效(是□　否□)
3	操纵稳定性	有无跑偏(有□　无□)；　有无发抖(有□　无□)；　有无摆头(有□　无□)
4	变速器	有无泄漏(有□　无□)；　　异响松脱(有□　无□)； 裂纹(有□　无□)；　　换挡是否轻便灵活(有□　无□)；
5	离合器	有无打滑(有□　无□)；　　有无发抖现象(有□　无□)； 分离是否彻底(有□　无□)；　　结合是否平稳(有□　无□)；
6	传动轴	有无泄漏(有□　无□)；　　有无异响(有□　无□)； 有无松脱(有□　无□)；　　有无裂纹(有□　无□)；
7	驱动桥	主减速器有无泄漏(有□　无□)；　主减速器有无异响(有□　无□)； 主减速器有无过热(有□　无□)；
8	轮胎状况	有无异常磨损(有□　无□)；　　老化、变形(有□　无□)； 装用是否符合要求(是□　否□)
9	转向盘	自由转动量是否符合规定(是□　否□)；　　是否轻便(是□　否□) 有无卡滞和漏油(是□　否□)
10	转向角	左转向角度正常(有□　无□)　　左转向角度正常(有□　无□) 转向时有无异响(有□　无□)
11	车架/悬架	有无松动(有□　无□)；　有无裂纹(有□　无□)；　有无断片(有□　无□)；
12	减震器	漏油(有□　无□)　　防尘套破损(有□　无□)　　弹簧裂纹(有□　无□)
13	转向机构	横拉杆及转向节臂有无弯曲裂损(有□　无□)；
14	横拉杆	防倾斜功能(有□　无□)　衬套更换(有□　无□) 连接球头是否松旷(有□　无□)；
15	整车制动	制动效果是否良好(是□　否□)；　ABS 是否参加工作(有□　无□)
16	驻车制动	制动效果是否良好(是□　否□)；
17	灯光	是否符合要求(是□　否□)；
18	喇叭	是否符合要求(是□　否□)

附加作业项目		
检验结论	维护厂家(章) 质检员签字(章)　　　年　　月　　日	车主签字

四、 填写车辆出厂检验单

北京现代特许销售服务商

车辆出厂检验单

维修委托书号：　　　　车牌号：　　　　入厂里程（km）：　　　　出厂里程（km）：　　　　检验日期：

修理后的检查：	状态良好	有待修正	路试：	状态良好	有待修正
对本次修理项目的基本检查	○	○	发动机的升速和降速	○	○
试车前检查：	状态良好	有待修正	变速器换挡的清晰度和行程	○	○
车轮紧固度	○	○	变速器换挡是否平顺	○	○
发动机各皮带轮及其驱动附件	○	○	驻车制动的行程和有效性	○	○
卡箍、管子的固定、管束以及电路线束是否坚固	○	○	刹车踏板的行程和有效性	○	○
附件皮带的状态和松紧度	○	○	仪表设备的操作运行	○	○
内部检查：	状态良好	有待修正	转向的精确度	○	○
内饰件及座椅是否整洁	○	○	暖风、通风、空气调节、循环状况	○	○
各电器设备和附件的运行	○	○	加速性能	○	○
方向盘的附件和方向盘的松旷度	○	○	整体表现、减震、车轮动平衡	○	○
外部检查：	状态良好	有待修正	方向保持能力、稳态行驶速度、加速、减速、刹车	状态良好	有待修正
车身零件：平整度和间隙	○	○	试车后的检查：	○	○
外观和油漆	○	○	发动机风扇的工作情况	○	○
检查是否有漆痕（轮胎、密封件、外部元件、车灯上等）	○	○	各密封件（发动机、变速器、转向机、减震器、制动和冷却系统）	○	○
检查喷漆是否有流挂或橘皮	○	○	各波纹管的状态、转向机、转向球头、变速器	○	○
车窗玻璃表面	○	○	排放检测	○	○
轮罩和装饰件的外观	○	○	电脑记忆数据读取	○	○
对客户的建议			对维修车间的建议		
			质检结果：	需要返修 □	质检合格 □

质检员签字：

五、 成本估算

请小组讨论，回顾整个任务的工作过程，列出所使用的耗材，并参考库房管理员提供的价格清单表 2-4-3，对此次任务的单个样品使用耗材进行成本估算。

表 2-4-3

序号	部件名称	规格	数量	单价/元	合计
1					
2					
3					
4					
5					
6					
7					
8					
9					
10					
11					
12					
合计					

六、 使用与保养建议

1. 使用与保养建议，向客户进行说明转向系在日常保养中的注意事项。

2. 维修该项目后，保修期是多少？是否有相关依据？

3. 想一想：在维修过程中哪些方面能够做到资源的节省与环保？

七、评价表

请根据表 2-4-4 的要求对本活动中的工作和学习情况进行打分。

表 2-4-4

评分项目			配分/分	评分细则	自评得分	小组评价	教师评价
素养（20分）	纪律情况（5分）	不迟到、早退	1	违反一次不得分			
		积极思考回答问题	2	根据上课统计情况得1～2分			
		三有一无（有本、笔、书，无手机）	2	不符合要求不得分			
		执行教师命令	0	此为否定项违规酌情扣10～100分，违反校规按校规处理			
	职业道德（5分）	能与他人合作	3	不符合要求不得分			
		追求完美	2	对工作精益求精且效果明显得2分			
	5S（5分）	场地、设备整洁干净	2	使用的工位、设备整洁无杂物，得2分；不合格不得分			
		零部件、工具摆放	2	整齐规范得2分；不合格不得分			
		服装整洁，不佩戴饰物	1	全部合格得1分			
	综合能力（5分）	阅读理解能力	5	2分钟内正确描述任务名称及要求得5分；超时或表达不完整得3分；其余不得分			
		创新能力（加分项）	5	新渠道正确查阅资料、优化基本检查顺序等，视情况得1～5分			
核心技术（60分）	路试前车辆基本检查（20分）	工量具选用和使用	5	全部正确得5分；错一项扣1分			
		时间要求	5	15分钟内完成得5分；每超过2分钟扣1分			
		质量要求	10	作业项目完整正确得10分；错项漏项一项扣2分			
		安全要求	0	违反该项不得分			
	路试检测与分析（25分）	路试要求项目完整	5	完整得5分；漏一项扣1分			
		路试方法	5	全部正确得5分；错一项扣1分			
		原因分析	10	全部正确得10分；错一项扣2分			
		路试检测项目结果	5	清晰准确得5分；其他不得分			

续表

<table>
<tr><th colspan="3">评分项目</th><th>配分/分</th><th>评分细则</th><th>自评得分</th><th>小组评价</th><th>教师评价</th></tr>
<tr><td rowspan="3">核心技术（60分）</td><td rowspan="3">编制竣工检验单（15分）</td><td>资料使用</td><td>5</td><td>正确查阅维修手册得5分；错误不得分</td><td></td><td></td><td></td></tr>
<tr><td>项目完整</td><td>5</td><td>完整得5分；错项漏项一项扣1分</td><td></td><td></td><td></td></tr>
<tr><td>提炼增项</td><td>5</td><td>正确得5分；错一项扣1分</td><td></td><td></td><td></td></tr>
<tr><td rowspan="4">工作页完成情况（20分）</td><td rowspan="4">按时完成工作页</td><td>按时提交</td><td>5</td><td>按时提交得5分；迟交不得分</td><td></td><td></td><td></td></tr>
<tr><td>内容完成程度</td><td>5</td><td>按情况分别得1～5分</td><td></td><td></td><td></td></tr>
<tr><td>回答准确率</td><td>5</td><td>视情况分别得1～5分</td><td></td><td></td><td></td></tr>
<tr><td>字迹书面整洁</td><td>5</td><td>视情况分别得1～5分</td><td></td><td></td><td></td></tr>
<tr><td colspan="5">总分</td><td></td><td></td><td></td></tr>
<tr><td colspan="5">综合得分（自评20%，小组评价30%，教师50%）</td><td colspan="3"></td></tr>
<tr><td colspan="5">教师评价签字：</td><td colspan="3">组长签字：</td></tr>
<tr><td colspan="8">请根据以上打分情况，对本活动当中的工作和学习状态进行总体评述（从素养的自我提升方面、职业能力的提升方面进行评述，分析自己的不足之处，描述对不足之处的改进措施）。</td></tr>
<tr><td colspan="8">教师指导意见：</td></tr>
</table>

学习活动五：总结拓展

建议学时：6 学时

学习要求：通过本活动总结本项目的作业规范和核心技术并通过同类项目练习进行强化。具体工作步骤及要求见表 2-5-1。

表 2-5-1

序号	工作步骤	要求	学时	备注
1	撰写技术总结报告	正确分析故障原因及故障排除方法，提出合理的保养方案	2 学时	
2	同类任务拓展练习	按各活动学习活动流程和标准要求完成类似任务	4 学时	

一、 撰写技术总结

要求 （1）字数1000字以上；

（2）语言表达清晰逻辑性强；

（3）能根据自身的学习过程突出个人收获与感想。

班级　　　　　　　　　　姓名　　　　　　　　　　日期　　　　年　　月　　日

工作任务名称__________________

1. 故障现象描述

2. 故障原因分析

3. 故障排除方法

4. 总结

5. 保养维护建议

教师评语

二、 知识拓展

查阅网络资源或维修手册，分析大众速腾 EPS 电动助力转向系。

1. EPS 转向系的组成、工作原理

(1) 标注 EPS 各部位名称，填入表 2-5-2 中。

表 2-5-2

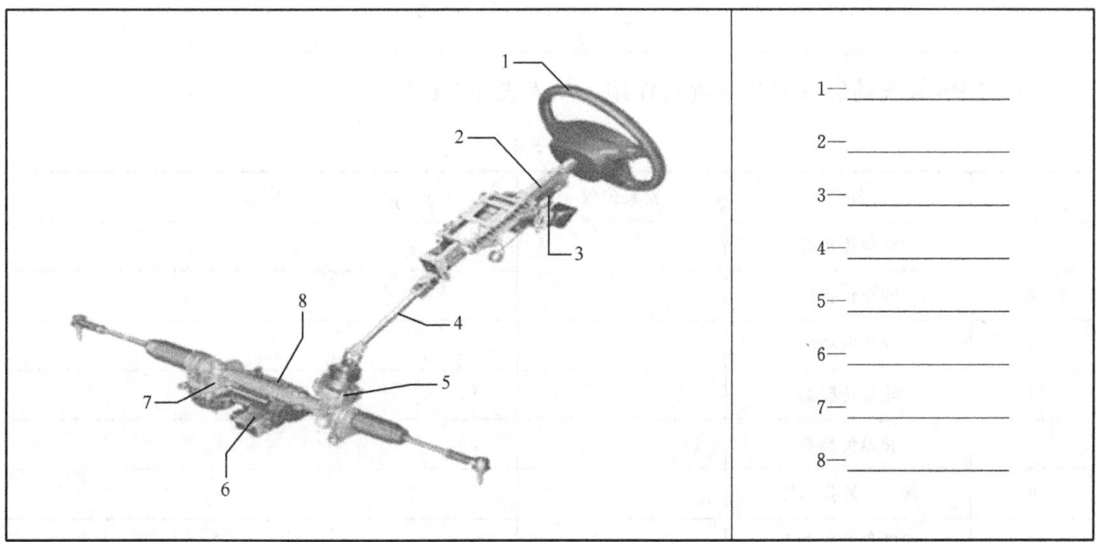	1—________ 2—________ 3—________ 4—________ 5—________ 6—________ 7—________ 8—________

(2) 标注 EPS 电控系统各部位名称，填入表 2-5-3 中。

表 2-5-3

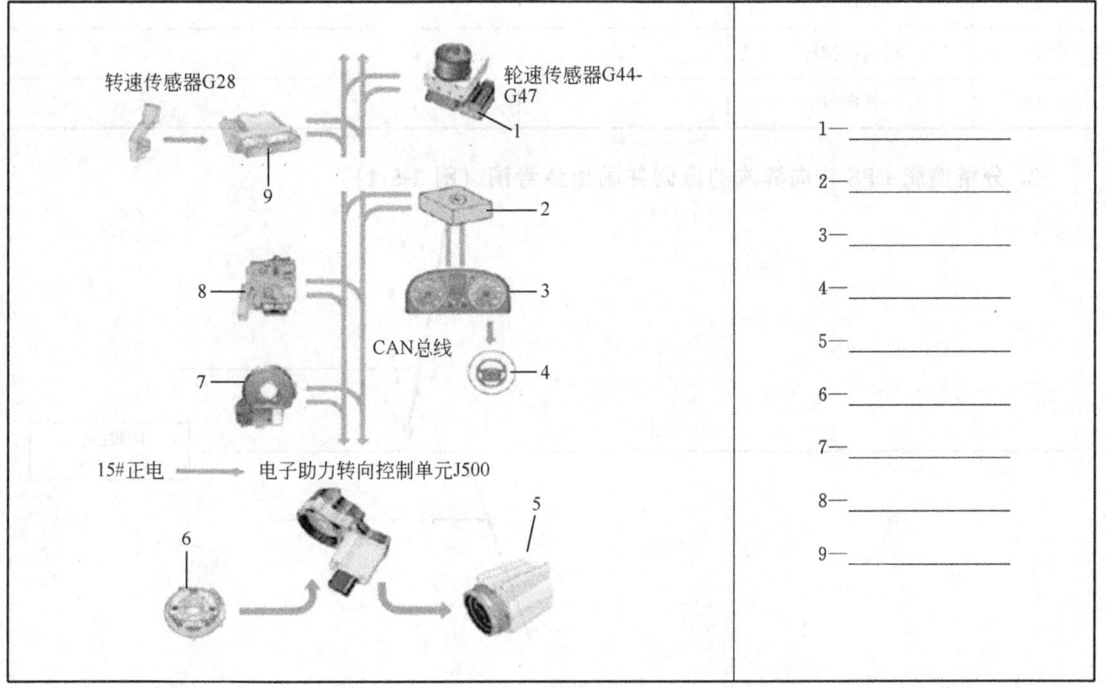	1—________ 2—________ 3—________ 4—________ 5—________ 6—________ 7—________ 8—________ 9—________

（3）简述 EPS 系统的工作原理

（4）EPS 系统的组成安装位置与作用，填入表 2-5-4 中。

表 2-5-4

序号	名称	安装位置	作用
1	转角传感器		
2	转矩传感器		
3	异步电动机		
4	轮速传感器		
5	转速传感器		
6	转向故障指示灯		
7	发动机控制单元		
8	ABS 控制单元		
9	转向操纵装置		
10	转向器		
11	转向横拉杆		
12	转向节		

2. 分析速腾 EPS 转向异响的原因并画出鱼骨图（图 2-5-1）

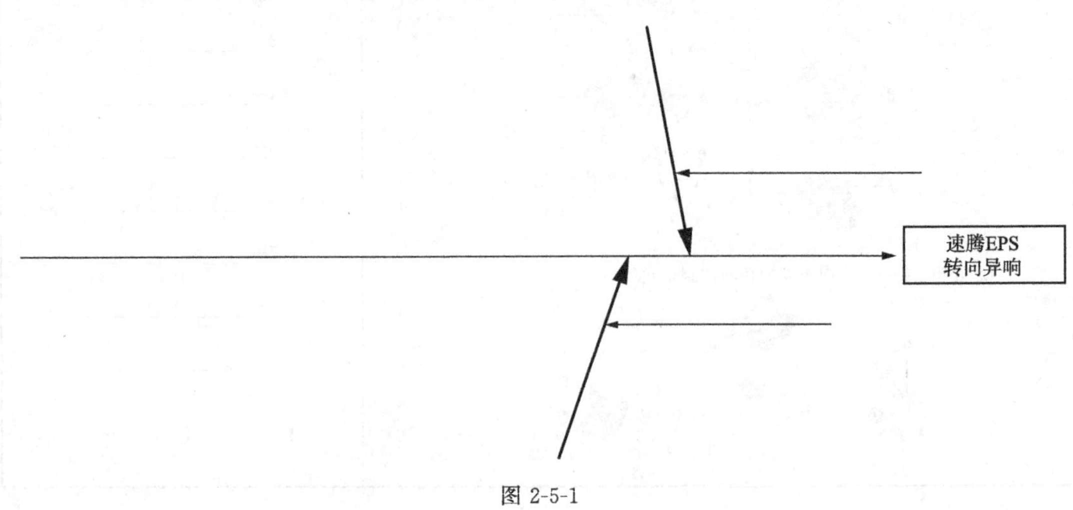

图 2-5-1

3. 编制速腾 EPS 转向异响的维修方案（表 2-5-5）

表 2-5-5

方案名称：________________

(1) 任务目标及依据

（填写说明：概括说明本次任务要达到的目标及相关文件和技术资料）

(2) 工作内容安排

（填写说明：列出工作流程、工作要求、工量具材料、人员及时间安排等）

工作流程	工作要求	工量具材料	人员安排	时间安排

(3) 验收标准

（填写说明：本项目最终的验收相关项目的标准）

(4) 有关安全注意事项及防护措施等

（填写说明：对 EPS 的安全注意事项及防护措施，废弃物处理等进行具体说明）

三、 评价表

请根据表 2-5-6 的要求对本活动中的工作和学习情况进行打分。

表 2-5-6

项次	项目要求		配分/分	评分细则	自评得分	小组评价	教师评价
素养（20 分）	纪律情况（5 分）	不迟到、早退	1	违反一次不得分			
		积极思考回答问题	2	根据上课统计情况得 1～2 分			
		三有一无（有本、笔、书，无手机）	2	不符合要求不得分			
		执行教师命令	0	此为否定项，违规酌情扣 10～100 分，违反校规按校规处理			
	职业道德（5 分）	能与他人合作	3	不符合要求不得分			
		追求完美	2	对工作精益求精且效果明显得 2 分			
	5S（5 分）	场地、设备整洁干净	2	使用的工位、设备整洁无杂物，得 2 分；不合格不得分			
		零部件、工具摆放	2	整齐规范得 2 分；不合格不得分			
		服装整洁，不佩戴饰物	1	全部合格得 1 分			
	综合能力（5 分）	阅读理解能力	5	2 分钟内正确描述任务名称及要求得 5 分；超时或表达不完整得 3 分；其余不得分			
		创新能力（加分项）	5	新渠道正确查阅资料、优化基本检查顺序等，视情况得 1～5 分			
职业能力（60 分）	技术总结（20 分）	能完成技术总结	10	能够按时（40 分钟）完成技术总结得 10 分；超过 3 分钟扣 2 分			
		技术总结条理清楚、分析合理	5	完整得 5 分；错项漏项一项扣 2 分			
		资料使用	5	正确查阅维修手册得 5 分；错误不得分			
		提炼增项	5	有增加项目得 5 分；没有增加项目不得分			
	使用建议（5 分）	建议价值	5	按照建议的价值得 1～5 分			

续表

<table>
<tr><th>项次</th><th colspan="2">项目要求</th><th>配分/分</th><th>评分细则</th><th>自评得分</th><th>小组评价</th><th>教师评价</th></tr>
<tr><td rowspan="6">职业能力
(60 分)</td><td rowspan="6">速腾转向系异响故障排除方案(35 分)</td><td>资料使用</td><td>3</td><td>正确查阅维修手册得 3 分;错误不得分</td><td></td><td></td><td></td></tr>
<tr><td>检修项目完整</td><td>5</td><td>完整得 5 分;错项漏项一项扣 1 分</td><td></td><td></td><td></td></tr>
<tr><td>流程</td><td>15</td><td>流程正确得 15 分;错一项扣 1 分</td><td></td><td></td><td></td></tr>
<tr><td>标准</td><td>5</td><td>标准查阅正确完整得 3 分;错项漏项一项扣 1 分</td><td></td><td></td><td></td></tr>
<tr><td>工具、材料</td><td>5</td><td>完整正确得 5 分;错项漏项一项扣 1 分</td><td></td><td></td><td></td></tr>
<tr><td>安全注意事项及防护</td><td>2</td><td>完整正确,措施有效得 2 分;错项漏项一项扣 1 分</td><td></td><td></td><td></td></tr>
<tr><td rowspan="4">工作页完成情况
(20 分)</td><td rowspan="4">按时完成工作页</td><td>及时提交</td><td>5</td><td>按时提交得 5 分;迟交不得分</td><td></td><td></td><td></td></tr>
<tr><td>内容完成程度</td><td>5</td><td>按完成情况分别得 1~5 分</td><td></td><td></td><td></td></tr>
<tr><td>回答准确率</td><td>5</td><td>视准确情况分别得 1~5 分</td><td></td><td></td><td></td></tr>
<tr><td>独立完成</td><td>5</td><td>能独立程度分别得 1~5 分</td><td></td><td></td><td></td></tr>
<tr><td colspan="5">总分</td><td></td><td></td><td></td></tr>
<tr><td colspan="5">加权平均(自评 20%,小组评价 30%,教师 50%)</td><td colspan="3"></td></tr>
<tr><td colspan="4">教师评价签字:</td><td>组长签字:</td><td colspan="3"></td></tr>
<tr><td colspan="8">请根据以上打分情况,对本活动当中的工作和学习状态进行总体评述(从素养的自我提升方面、职业能力的提升方面进行评述,分析自己的不足之处,描述对不足之处的改进措施)。</td></tr>
<tr><td colspan="8">教师指导意见:</td></tr>
</table>

四、项目总体评价

根据表 2-5-7 的内容进行项目总体评价。

表 2-5-7

<table>
<tr><th>项次</th><th>项目内容</th><th>权重</th><th colspan="2">综合得分(各活动加权平均分×权重)</th><th>备注</th></tr>
<tr><td>1</td><td>明确任务</td><td>10%</td><td colspan="2"></td><td></td></tr>
<tr><td>2</td><td>制订方案</td><td>25%</td><td colspan="2"></td><td></td></tr>
<tr><td>3</td><td>实施维修</td><td>30%</td><td colspan="2"></td><td></td></tr>
<tr><td>4</td><td>检验交付</td><td>20%</td><td colspan="2"></td><td></td></tr>
<tr><td>5</td><td>总结拓展</td><td>15%</td><td colspan="2"></td><td></td></tr>
<tr><td>6</td><td colspan="2">合计</td><td colspan="2"></td><td></td></tr>
<tr><td>7</td><td colspan="2">本项目合格与否</td><td></td><td colspan="2">教师签字</td></tr>
<tr><td colspan="6">请根据以上打分情况，对本项目当中的工作和学习状态进行总体评述(从素养的自我提升方面、职业能力的提升方面进行评述，分析自己的不足之处，描述对不足之处的改进措施)。</td></tr>
<tr><td colspan="6">教师指导意见</td></tr>
</table>

任务三 捷达ABS灯常亮故障诊断与排除

一、工作情境描述

王先生驾驶一辆2006款捷达轿车在上班途中发现ABS灯常亮不能熄灭，在制动时制动距离明显增长，并有拉胎现象。为了确保车辆能安全行驶，将车辆送到4S店维修，经服务顾问检查试车后，确认ABS系统故障，报工时费200元，材料费在拆解、检测完毕后请客户签字确认。请于4个小时之内在车间完成故障排除，通过该学习任务，提出合理的维修方案，并核算成本给予客户解释，在交车时针对此故障现象提供合理的使用和保养建议。

工作过程确保安全并符合5S规范，大修后车辆符合GB 7258—2012《机动车运行安全技术条件》和《一汽捷达汽车维修手册技术要求》。

二、学习活动及学时分配表

活动序号	学习活动	学时安排	备注
1	任务分析及检查	4学时	
2	制订方案	8学时	
3	实施维修	6学时	
4	竣工检验	2学时	
5	总结拓展	6学时	

学习活动一：任务分析及检查

建议学时：4学时

学习要求：明确“捷达ABS灯常亮”任务的工作要求，能够确定并分析故障现象，掌握ABS系统的组成及作用，并编制鱼骨图。具体工作步骤及要求见表3-1-1。

表3-1-1

序号	工作步骤	要求	学时	备注
1	识读任务书，确定故障现象	能明确任务要求并确定故障现象，在教师要求的时间内完成	1学时	
2	描述ABS系统的组成与作用	能够简述ABS系统的组成与作用，能够掌握ABS系统各部件安装位置	2学时	
3	编制捷达ABS灯常亮鱼骨图	根据ABS系统的组成和作用分析故障原因编制鱼骨图	1学时	

一、接受工作任务

请根据工作情境描述填写接车单。

一汽大众汽车销售服务有限公司

一汽-大众 FAW-VOLKSWAGEN

接车单　　服务电话：

<table>
<tr><td rowspan="9">基本信息及需求确认</td><td>车牌号：</td><td></td><td>车型：</td><td></td><td>接车时间：</td><td>___日___时___分</td></tr>
<tr><td>客户姓名：</td><td></td><td>客户联系电话：</td><td></td><td>方便联系时间：</td><td>___时</td></tr>
<tr><td colspan="4" rowspan="6">客户陈述及要求：</td><td>是否预约</td><td>是□　否□</td></tr>
<tr><td>是否需要预检</td><td>是□　否□</td></tr>
<tr><td>是否需要路试</td><td>是□　否□</td></tr>
<tr><td>贵重物品提醒</td><td>是□　否□</td></tr>
<tr><td>是否洗车</td><td>是□　否□</td></tr>
<tr><td>是否保留旧件</td><td>是□　否□</td></tr>
<tr><td colspan="6">服务顾问建议：</td></tr>
<tr><td></td><td colspan="3" rowspan="2">预估维修项目（包括客户描述及经销商检测结果）：</td><td colspan="3">预估费用：工时费____元　材料费____元　合计：____元</td></tr>
<tr><td></td><td colspan="3">预估交车时间：___月___日___时</td></tr>
<tr><td></td><td colspan="6">注意！因车辆维修需要，有可能涉及路试，如在路试中发生交通事故，按保险公司对交通事故处理方法处理！</td></tr>
<tr><td rowspan="15">接车检查</td><td>检查项目</td><td>接车确认</td><td>备注</td><td colspan="3" rowspan="2">接车里程精确到个位数：________公里
油表位置：0　1/2　1</td></tr>
<tr><td>车钥匙及应急钥匙</td><td>正常□　异常□</td><td></td></tr>
<tr><td>内饰</td><td>正常□　异常□</td><td></td><td colspan="3" rowspan="13">外观确认：含轮胎、轮毂（盖）、玻璃等，如有问题，画圆圈标准在车辆相应位置。</td></tr>
<tr><td>仪表灯显示</td><td>正常□　异常□</td><td></td></tr>
<tr><td>雨刮功能</td><td>正常□　异常□</td><td></td></tr>
<tr><td>天窗</td><td>正常□　异常□</td><td></td></tr>
<tr><td>音响</td><td>正常□　异常□</td><td></td></tr>
<tr><td>空调</td><td>正常□　异常□</td><td></td></tr>
<tr><td>点烟器</td><td>正常□　异常□</td><td></td></tr>
<tr><td>座椅及安全带</td><td>正常□　异常□</td><td></td></tr>
<tr><td>后视镜</td><td>正常□　异常□</td><td></td></tr>
<tr><td>玻璃升降</td><td>正常□　异常□</td><td></td></tr>
<tr><td>天线</td><td>正常□　异常□</td><td></td></tr>
<tr><td>备胎</td><td>正常□　异常□</td><td></td></tr>
<tr><td>随车工具</td><td>正常□　异常□</td><td></td></tr>
</table>

服务顾问签名：____________　　客户签字：____________

二、确认故障现象

1. 描述实习车辆故障现象

____

____

____

____

2. 请写出故障确认方法（表 3-1-2）

表 3-1-2

经验确认法	仪器确认法	其他方法

三、分析故障案例

请根据工作情境描述故障现象，查阅汽车维修手册或网络资源对案例进行分析，填入表 3-1-3中。

表 3-1-3

车型		故障现象	
故障原因			
维修方法			

四、分析 ABS 系统组成及工作原理

1. 根据图 3-1-1，描述 ABS 系统各元件的名称及安装位置并记录于表 3-1-4 中

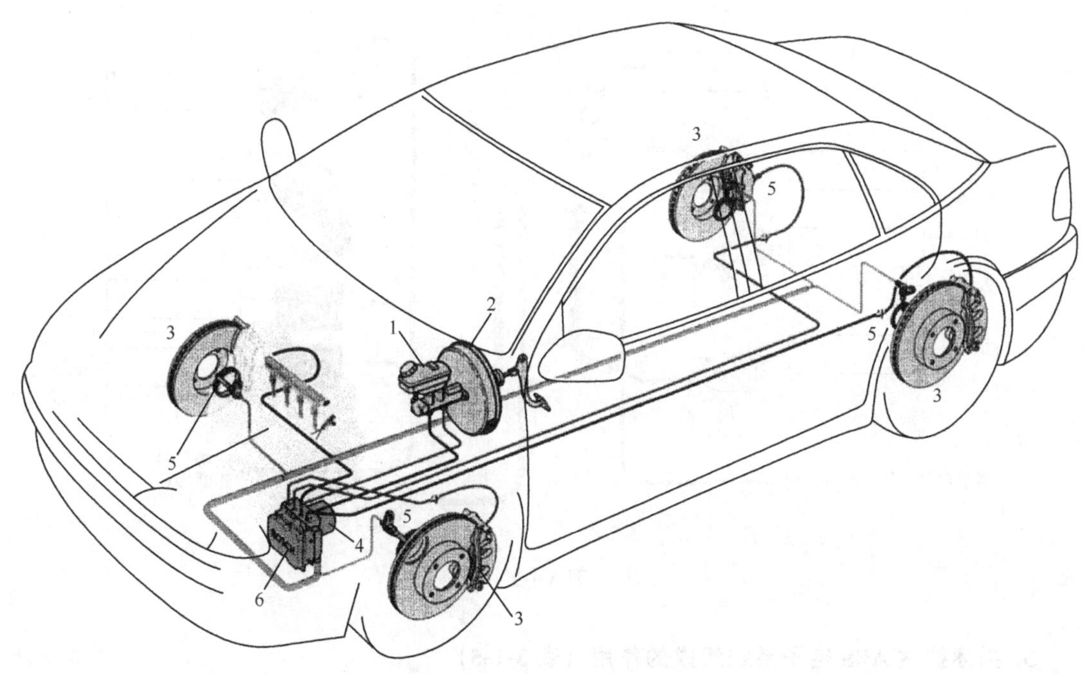

图 3-1-1

表 3-1-4

序号	名称	安装位置
1		
2		
3		
4		
5		
6		

2. 写出 ABS 电控系统各部分的名称

捷达 ABS 电子控制系统如图 3-1-2 所示，在图中写出 ABS 电控系统各部分的名称。

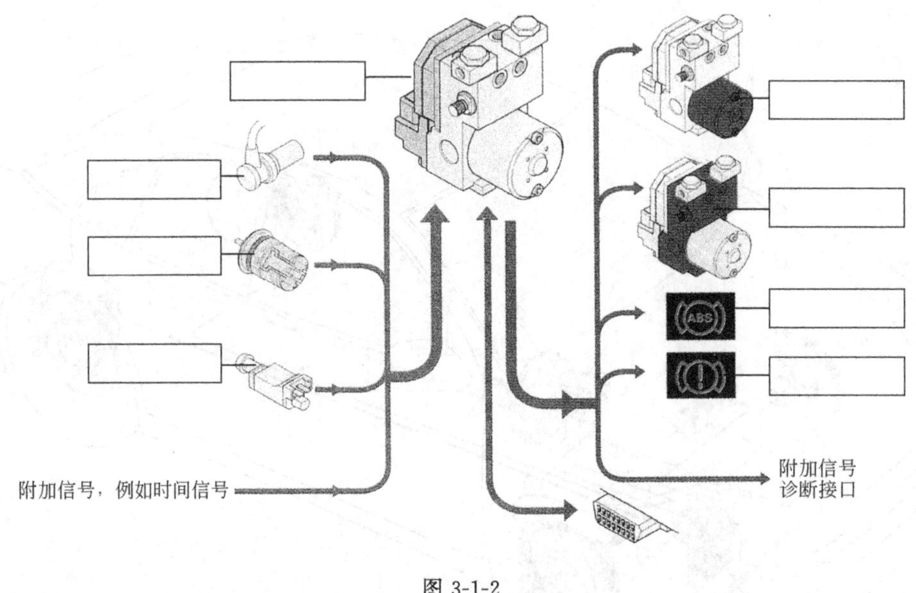

图 3-1-2

3. 描述捷达 ABS 电子系统组成的作用（表 3-1-5）

表 3-1-5

序号	部件	作用
1	轮速传感器	
2		连续监测车轮转速传感器送来的脉冲信号，向液压总成发出指令，以控制制动轮缸油路上电磁阀的通断和液压泵的工作来调节制动压力
3		转换执行 ABS ECU 的指令，自动调节制动器中的液压压力
4	诊断接口	通过与诊断仪连接，传输数据
5	ABS 指示灯	
6		给 ABS ECU 提供“制动器操纵”信息
7		在驻车制动器拉紧，制动液位过低，点火开关打开（系统自检）时点亮

4. 阅读 ABS 防抱死系统工作过程，完成表 3-1-6 中的选择内容

表 3-1-6

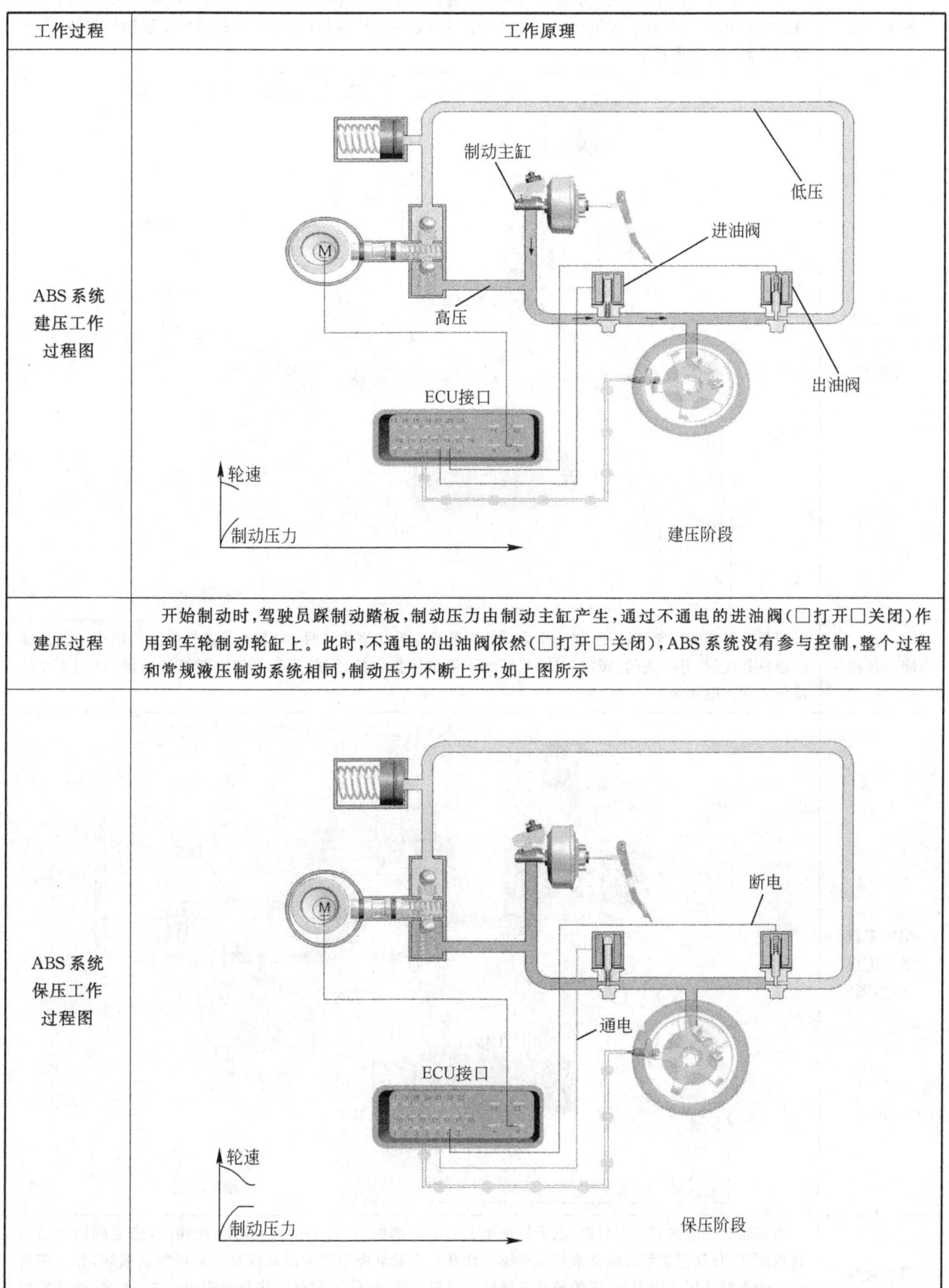

工作过程	工作原理
ABS 系统建压工作过程图	（建压阶段图）
建压过程	开始制动时，驾驶员踩制动踏板，制动压力由制动主缸产生，通过不通电的进油阀(□打开□关闭)作用到车轮制动轮缸上。此时，不通电的出油阀依然(□打开□关闭)，ABS 系统没有参与控制，整个过程和常规液压制动系统相同，制动压力不断上升，如上图所示
ABS 系统保压工作过程图	（保压阶段图）

续表

工作过程	工作原理
保压过程	当驾驶员继续踩制动踏板，制动压力继续升高到车轮出现抱死趋势时，ABS电子控制单元发出指令使进油阀通电并(□打开□关闭)阀门，出油阀依然不通电压仍保持(□打开□关闭)，系统油压保持(□不变□降低)，如上图所示
ABS系统降压工作过程图	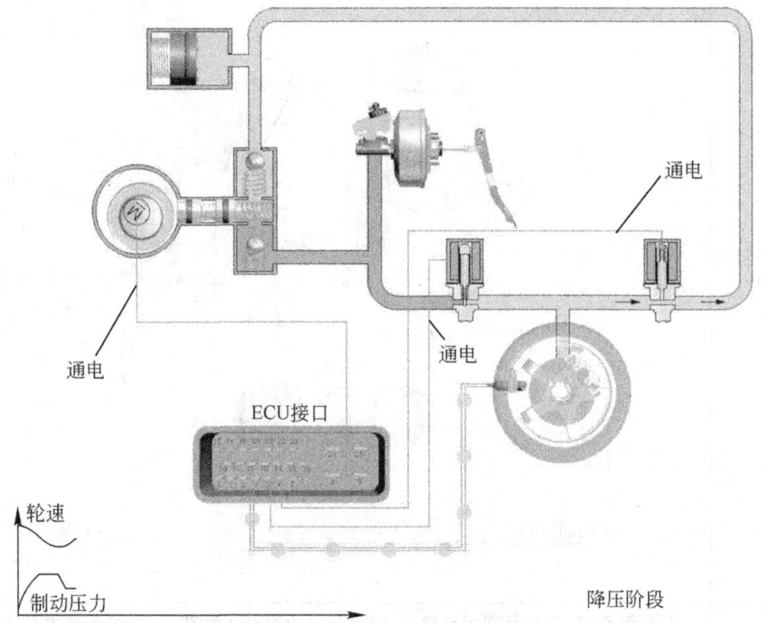 通电 通电 通电 ECU接口 轮速 制动压力 降压阶段
降压过程	当驾驶员继续踩制动踏板，制动压力继续升高到车轮出现抱死时，ABS电子控制单元发出指令使进油阀通电并(□打开□关闭)阀门，出油阀依然不通电压仍保持(□打开□关闭)，系统油压保持(□不变□降低)，如上图所示
ABS系统增压工作过程图	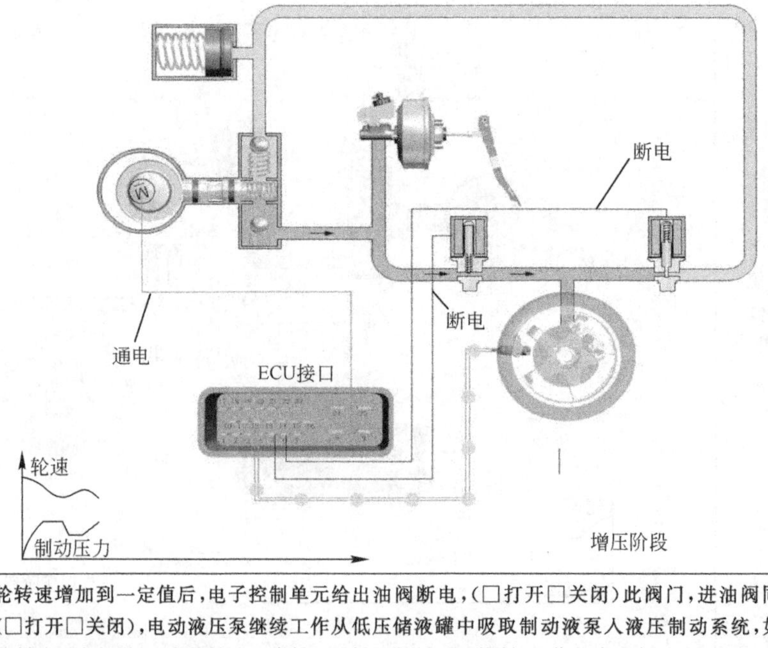 断电 断电 通电 ECU接口 轮速 制动压力 增压阶段
增压过程	当车轮转速增加到一定值后，电子控制单元给出油阀断电，(□打开□关闭)此阀门，进油阀同样也不通电而(□打开□关闭)，电动液压泵继续工作从低压储液罐中吸取制动液泵入液压制动系统，如上图所示。随着制动压力的增加，车轮转速又降低。这样反复循环地控制(工作频率为每秒5～6次，将车轮的滑移率始终控制在20%左右)

5. 根据ABS系统工作原理完成下面的任务

(1) 驾驶员踩下制动踏板，制动系统压力________________。(增大/减小)

(2) 车轮有________________趋势。(抱死/不抱死)

(3) ________________可以识别车轮的抱死状况。(控制单元/轮速传感器)

(4) 识别到车轮抱死之后然后告诉________________。(控制单元/轮速传感器)

(5) (控制单元/主缸) ________________阻止压力继续升高，这是车轮会出现________________。(抱死/不抱死)

(6) 控制单元降低制动压力，车轮重新开始________________。(抱死/旋转)

(7) 驾驶员踩下制动踏板，制动系统压力________________。(增大/减小)

(8) 在发动发动机或刚刚启动车辆后，制动踏板可能会震动，或者会听到来自发动机室的电机工作噪声。这是________________的。(正常/不正常)

(9) 在ABS操作中，制动踏板会轻微震动，并可能会听到机械噪声。这是________________的。(正常/不正常)

(10) 观察实训车辆，其在系统正常情况下，打开点火接通时，ABS故障警告灯点亮2s，然后自动________________；如果点火开关接通，ABS警告灯不亮，说明________________存在故障；红色的警告灯为________________，其除了驻车制动显示________________等常规制动系统提示作用外，在某些车型上，其也用作ABS或EBD系统警告灯，用于提醒驾驶员ABS或EBD系统中有故障。

6. 知识拓展

(1) ABS系统有哪些优点？

□保证在各种路面上制动时每个车轮不会抱死。

□使汽车获得最佳制动距离。

□使汽车拥有良好的制动稳定性和转向能力。

(2) 车轮抱死有哪些危害？

□汽车制动时，前轮抱死汽车将失去转向能力。

□后轮抱死则会导致跑偏或侧滑。

□制动效果、方向稳定性及转向能力均会变差，从而会导致整车安全性下降。

(3) 请查阅资料，ABS车的制动距离是否一般比非ABS车更________(长、短)一些，ABS为驾驶员提供了方向盘的________(可控或不可控)能力，但它本身并不能自动完成，关键时候紧急制动不要忘记转动方向盘。

(4) 影响汽车制动力的因素有哪些？

□汽车速度。

□踏板制动力大小。

□轴质量。

□路面情况。

□车轮的滑移率，滑移率在15%～20%之间时，汽车具有最大附着系数。

□轮胎表面情况、轮胎气压、轮胎断面宽度等。

(5) 安装ABS系统与没安装ABS系统有什么区别？填入表3-1-7中。

表 3-1-7

序号	项目	没有 ABS 系统	有 ABS 系统	前提条件
1	制动距离			
2	制动时间			
3	制动稳定性			
4	制动转向性			
5	自诊断功能			

五、 编制捷达 ABS 灯常亮鱼骨图

查阅汽车维修手册或网络资源，编制捷达 ABS 灯常亮鱼骨图（图 3-1-3）。

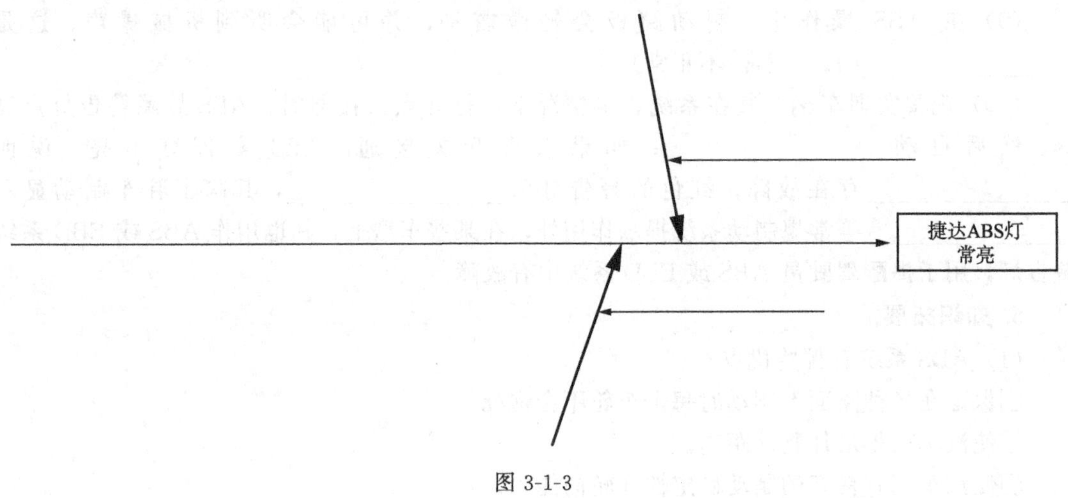

图 3-1-3

六、 评价表

请根据表 3-1-8 中的要求对本活动中的工作和学习情况进行打分。

表 3-1-8

评分项目			配分/分	评分细则	自评得分	小组评价	教师评价
素养（20 分）	纪律情况（5 分）	不迟到、早退	1	违反一次不得分			
		积极思考回答问题	2	根据上课统计情况得 1～2 分			
		三有一无（有本、笔、书，无手机）	2	不符合要求不得分			
		执行教师命令	0	此为否定项，违规酌情扣 10～100 分，违反校规按校规处理			
	职业道德（5 分）	能与他人合作	3	不符合要求不得分			
		追求完美	2	对工作精益求精（能提出改进建议）且效果明显得 2 分			

续表

评分项目			配分/分	评分细则	自评得分	小组评价	教师评价
素养（20分）	5S(5分)	场地、设备整洁干净	2	使用的工位、设备整洁无杂物，得2分；不合格不得分			
		零部件、工具摆放	2	整齐规范得2分；不合格不得分			
		服装整洁，不佩戴饰物	1	全部合格得1分			
	综合能力（5分）	阅读理解能力	5	2分钟内正确描述任务名称及要求得5分；超时或表达不完整得3分；其余不得分			
		创新能力（加分项）	5	新渠道正确查阅资料；优化基本检查顺序等，视情况得1～5分			
核心技术（60分）	ABS灯常亮的任务分析（25分）	任务分析	3	完整得3分；漏一项扣1分			
		案例分析	3	全部正确得3分；错一项扣1分			
		确认故障现象	3	全部正确得3分；错一项扣1分			
		正确分析ABS系统组成及作用	6	清晰准确得6分；其他不得分			
		资料使用	3	正确查阅维修手册得3分；错误不得分			
		时间要求	3	120分钟内完成得3分；每超过3分钟扣1分			
		质量要求	4	作业项目完整正确每项得1分；错项漏项一项扣2分			
		安全要求	0	违反一项不得分			
	编制鱼骨图（35分）	故障点齐全（10个）	20	全部正确得20分；错一项扣2分			
		层次结构正确	10	全部正确得10分；错一项扣2分			
		时间要求	5	35分钟内完成得5分；超时2分钟扣1分			
		提炼增项为加分项	5	项目分类、顺序有创新，视情况得1～5分			
工作页完成情况（20分）	按时完成工作页	按时提交	5	按时提交得5分；迟交不得分			
		内容完成程度	5	按情况分别得1～5分			
		回答准确率	5	视情况分别得1～5分			
		字迹书面整洁	5	视情况分别得1～5分			

续表

评分项目	配分/分	评分细则	自评得分	小组评价	教师评价
总分					
综合得分(自评 20%,小组评价 30%,教师 50%)					
教师评价签字:			组长签字:		
请根据以上打分情况,对本活动当中的工作和学习状态进行总体评述(从素养的自我提升方面、职业能力的提升方面进行评述,分析自己的不足之处,描述对不足之处的改进措施)。					
教师指导意见:					

学习活动二：制订方案

建议学时：8学时

学习要求：能够描述ABS系统各组成部分的工作原理，分析ABS电路图正确选用工具和材料，并最终编制维修方案。具体工作步骤及要求见表3-2-1。

表3-2-1

序号	工作步骤	要求	学时	备注
1	描述ABS系统各组成部分作用、工作原理	能够正确简述轮速传感器、ABS泵、ABS液压控制单元等元件的组成、工作原理	4学时	
2	分析ABS电路图	能够正确分析分析ABS电路图	1学时	
3	编制维修检查步骤	检查步骤符合项目分类，实现操作方便维修时间缩短	0.5学时	
4	选用工具和材料	工具、材料清单完整，型号符合捷达车型和客户需求	0.5学时	
5	制订维修方案	任务描述清晰，检验标准符合厂家要求，工量具材料、维修内容和要求与流程表及维修手册对应	2学时	

一、描述 ABS 系统各部件组成、工作原理

1. 描述磁电式轮速传感器的结构与原理

(1) 写出磁电式轮速传感器结构各部位的名称，填入表 3-2-2 中。

表 3-2-2

磁电式轮速传感器结构	名称
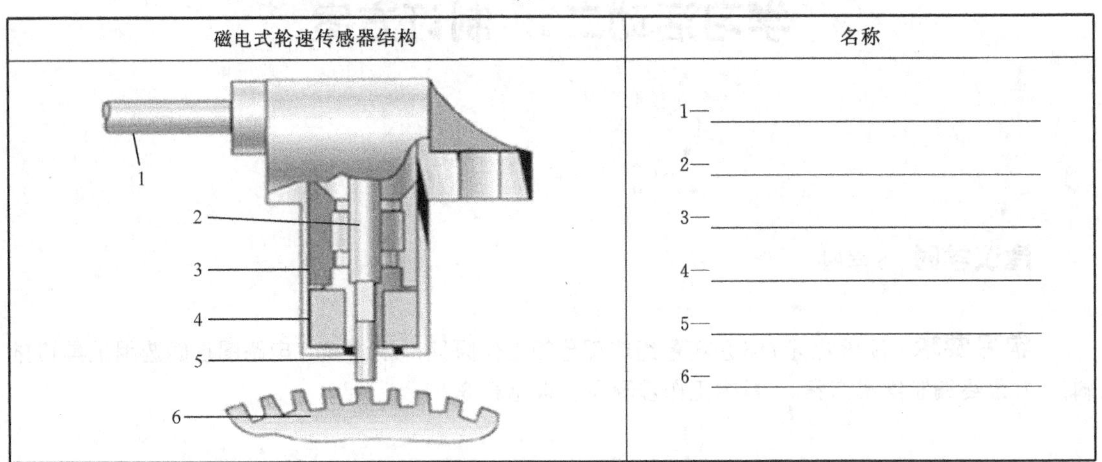	1—______ 2—______ 3—______ 4—______ 5—______ 6—______

(2) 磁电式轮速传感器的工作原理：

______

______

______

______

(3) 磁电式轮速传感器的检查内容：

______

______

______

______

2. 霍尔式轮速传感器的结构和工作原理

(1) 霍尔式轮速传感器的结构，如图 3-2-1 所示。

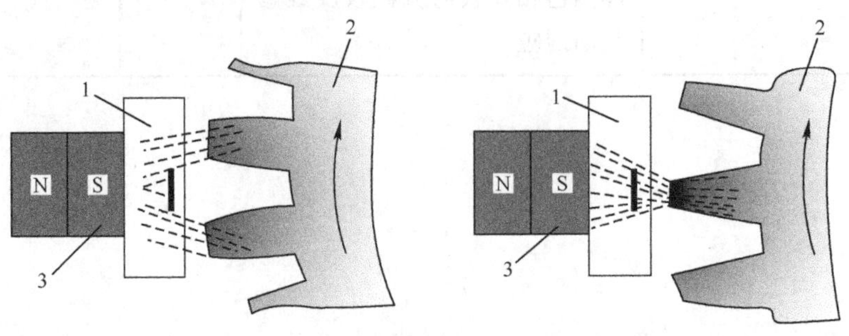

图 3-2-1

图 3-2-2 中，1—______；2—______；3—______。

（2）霍尔传感器分为________型霍尔传感器和开关型霍尔传感器两种。

（3）写出霍尔式轮速传感器工作原理：

____

____

____

____

____

（4）霍尔式轮速传感器的检查内容：

____

____

____

____

____

3. 描述 ABS 泵的结构与工作原理

（1）写出 ABS 系统控制单元总成图 3-2-2 中标号名称和作用，填入表 3-2-3 中。

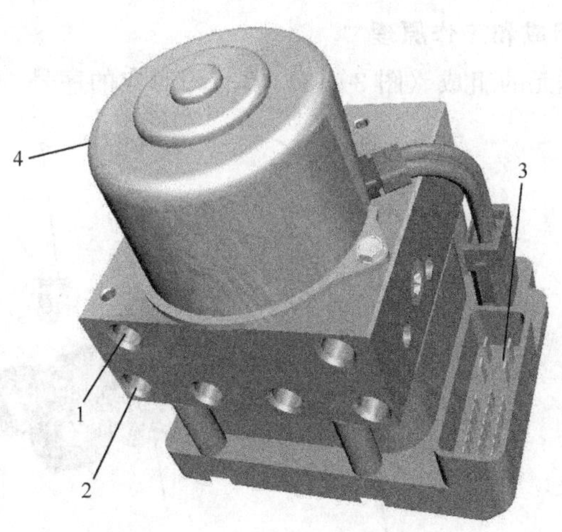

图 3-2-2

表 3-2-3

序号	名称	作用
1		
2		
3		
4		

（2）将 ABS 泵的结构与工作原理填入表 3-2-4 中。

表 3-2-4

ABS 泵的结构	ABS 泵的工作原理
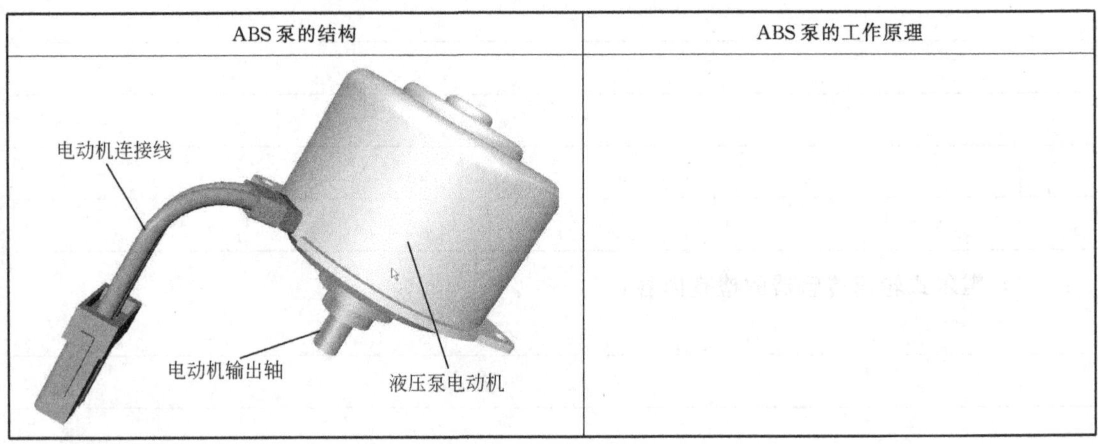	

（3）ABS 泵的检查内容：

____

____

____

4. 液压控制单元的组成和工作原理

（1）根据液压控制单元的组成（图 3-2-3）填写相对应的序号。

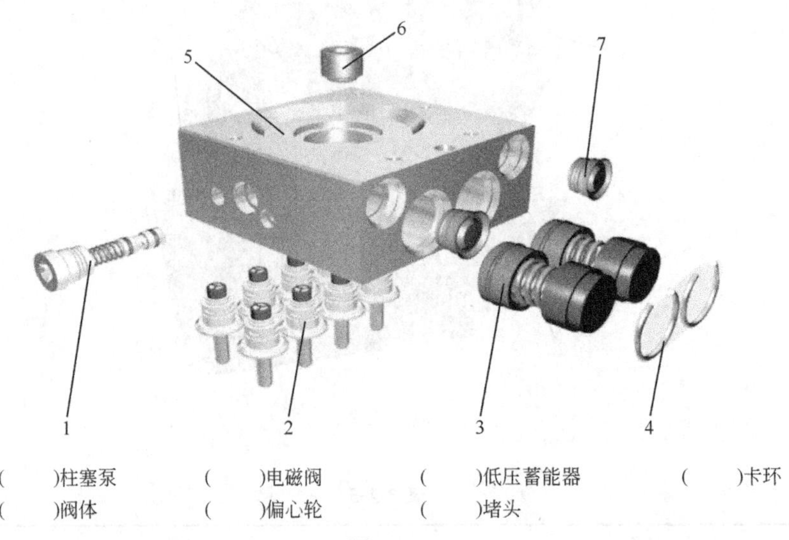

(　　)柱塞泵　　(　　)电磁阀　　(　　)低压蓄能器　　(　　)卡环

(　　)阀体　　(　　)偏心轮　　(　　)堵头

图 3-2-3

（2）写出液压控制单元工作原理：

____

____

____

____

（3）写出液压控制单元的检查内容：

5. 完成 ABS 电子控制单元 ECU 组成和工作任务

（1）图 3-2-4 为 ABS 系统的组成：它由________、数字控制、________________及警告电路组成。

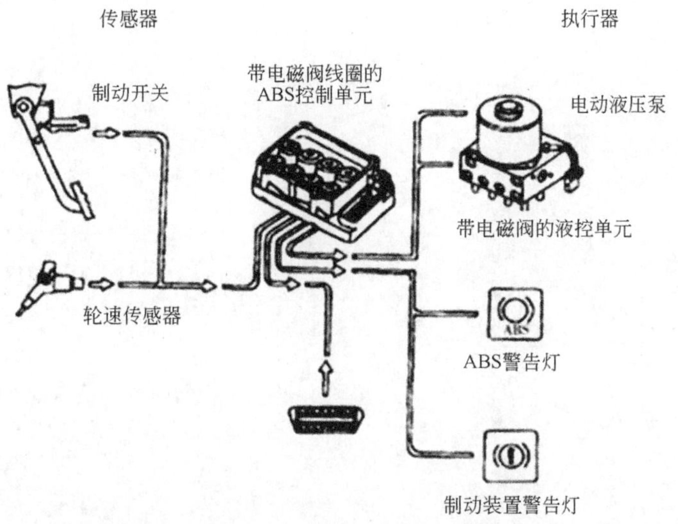

图 3-2-4

（2）根据图描述 ABS 电子控制单元的主要任务：是连接检测接收____________传感器送来的脉冲信号，并进行分析比较，计算出车轮____________、车轮____________及制动____________，一旦确定车轮将要抱死，将进入防抱死控制状态；另外 ABS ECU 还不断对自身工作、其他如轮速传感器部件进行监控，如判定有故障，将关闭 ABS 控制功能，按____________系统工作，同时将故障信息以____________形式存储记忆，并将仪表板上的____________点亮，向驾驶员发出警示信号。

6. 画出捷达 ABS 电路图

二、编制检查步骤

查阅捷达 ABS 系统维修手册或网络资源，编制 ABS 灯常亮维修检查步骤，填入表 3-2-5 中。

表 3-2-5

序号	检查步骤
1	
2	
3	
4	
5	
6	
7	
8	
9	
10	

三、编制工量具清单

查阅捷达 ABS 系统维修手册，根据维修单，编制工具、材料清单，填入表 3-2-6 中。

表 3-2-6

工具名称	规格	材料名称	规格

四、编制维修方案

参照表 3-2-7 的内容，编制维修方案。

表 3-2-7

方案名称________________

1. 任务目标及依据

（填写说明：概括说明本次任务要达到的目标及相关文件和技术资料）

2. 工作内容安排

（填写说明：列出工作流程、工作要求、工量具材料、人员及时间安排等）

工作流程	工作要求	工量具材料	人员安排	时间安排

3. 验收标准

（填写说明：本项目最终的验收相关项目的标准）

4. 有关安全注意事项及防护措施等

（填写说明：对 ABS 系统检查的安全注意事项及防护措施，废弃物处理等进行具体说明）

五、评价表

请根据表 3-2-8 中的要求对本活动中表 3-2-8 的工作和学习情况进行打分。

表 3-2-8

评分项目			配分/分	评分细则	自评得分	小组评价	教师评价
素养（20分）	纪律情况（5分）	不迟到、早退	1	违反一次不得分			
		积极思考回答问题	2	根据上课统计情况得1～2分			
		三有一无（有本、笔、书，无手机）	2	不符合要求不得分			
		执行教师命令	0	此为否定项，违规酌情扣10～100分，违反校规按校规处理			
	职业道德（5分）	能与他人合作	3	不符合要求不得分			
		追求完美	2	对工作精益求精（能提出改进建议）且效果明显得2分			
	5S（5分）	场地、设备整洁干净	2	使用的工位、设备整洁无杂物，得2分；不合格不得分			
		零部件、工具摆放	2	整齐规范得2分；不合格不得分			
		服装整洁，不佩戴饰物	1	全部合格得1分			
	综合能力（5分）	阅读理解能力	5	2分钟内正确描述任务名称及要求得5分；超时或表达不完整得3分；其余不得分			
		创新能力（加分项）	5	新渠道正确查阅资料、优化基本检查顺序等，视情况得1～5分			
核心技术（60分）	ABS各部件组成及工作原理分析（15分）	轮速传感器组成及工作原理分析	5	分析正确得5分；漏一项扣2分			
		ABS泵组成及工作原理分析	5	分析正确得5分；错一项扣2分			
		液压控制单元组成及工作原理分析	5	分析正确得5分；错一项扣2分			

续表

评分项目			配分/分	评分细则	自评得分	小组评价	教师评价
核心技术(60分)	ABS控制线路图分析(5分)	ABS电源线路分析	1	分析正确得1分;错一项扣1分			
		搭铁线路分析	1	分析正确得1分;错一项扣1分			
		轮速传感器线路分析	1	分析正确得1分;错一项扣1分			
		控制单元线路分析	1	分析正确得1分;错一项扣1分			
		OBD诊断接口分析	1	分析正确得1分;错一项扣1分			
	编制检查步骤(5分)	资料使用	2	正确查阅维修手册得2分;错误不得分			
		项目完整	2	完整得2分;错项漏项一项扣1分			
		提炼增项	1	正确得1分			
	编制工具清单(5分)	工量具选用和使用	2	全部正确得2分;错一项扣1分			
		时间要求	1	15分钟内完成得1分;每超过3分钟扣1分			
		质量要求	1	作业项目完整正确得1分			
		安全要求	1	违反一项基本检查不得分			
	编制维修方案(30分)	编制依据	3	编制依据正确得3分;错一项扣1分			
		工作流程	10	流程合理可行。逻辑清晰。内容完整得10分;错项漏项扣1分			
		工作要求	8	内容完整,要求项目正确可靠得8分;错一项扣1分			
		人员安排	3	安排正确合理得3分;错误扣1分			
		时间安排	3	安排正确合理得3分;错误扣1分			
		验收标准	3	标准正确合理,齐全得3分;错项漏项扣1分			
工作页完成情况(20分)	按时完成工作页	按时提交	5	按时提交得5分;迟交不得分			
		内容完成程度	5	按情况分别得1～5分			
		回答准确率	5	视情况分别得1～5分			
		字迹书面整洁	5	视情况分别得1～5分			

续表

评分项目	配分/分	评分细则	自评得分	小组评价	教师评价
总分					
综合得分(自评 20%,小组评价 30%,教师 50%)					
教师评价签字:		组长签字:			
请根据以上打分情况,对本活动当中的工作和学习状态进行总体评述(从素养的自我提升方面、职业能力的提升方面进行评述,分析自己的不足之处,描述对不足之处的改进措施)。					
教师指导意见:					

学习活动三：实施维修

建议学时：16学时

学习要求：通过该活动，能查阅维修手册，规范进行ABS系统主要部件的拆装与检查，能够完成ABS系统主要部件的检测和技术状况的判定。具体工作步骤及要求见表3-3-1。

表 3-3-1

序号	工作步骤	要求	学时	备注
1	轮速传感器检修	按照维修手册要求，规范进行轮速传感器的拆装与检查及技术状况的判定	6学时	
2	ABS控制单元总成检修	按照维修手册要求，规范进行ABS电子控制单元总成、ABS液压控制、ABS泵的拆装与检查及技术状况的判定	6学时	
3	ABS控制线路检修	按照维修手册要求，正确完成ABS控制线路检修	4学时	

一、 检查准备工作

1. 实习场地 5S 检查

2. 工具、量具准备

3. 安全注意事项

二、 检修捷达轮速传感器并填写记录单

1. 检修前轮轮速传感器

(1) 图 3-3-1 前轮轮速传感器结构及安装位置示意图，写出 1～4 各部分名称。

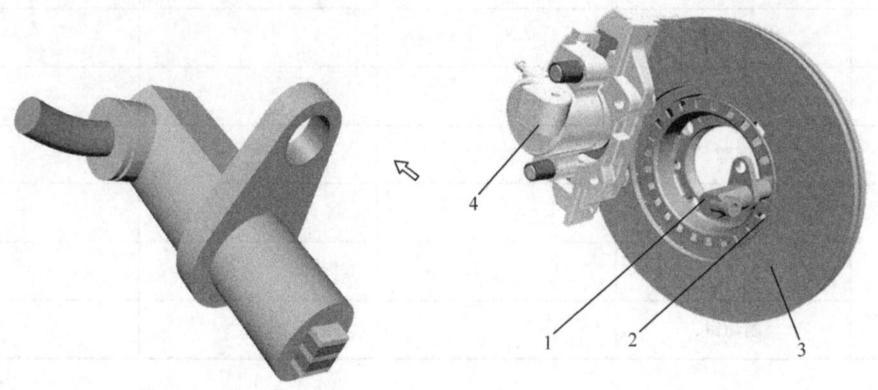

图 3-3-1

1—__________；2—__________；3—__________；4—__________

（2）描述盘式（前）轮速传感器的拆卸步骤：

（3）检查两个前轮轮速传感器与制动器，根据检查结果对比标注值后给出维修方法。

① 检查左前轮轮速传感器与制动器，填入表 3-3-2 中。

表 3-3-2

序号	检查内容	检查标准	检查结果	维修方法
1	轮速传感器			
2	信号发生盘			
3	间隙			
4	制动盘			
5	制动片			
6	制动钳			

② 检查右前轮轮速传感器与制动器，填入表 3-3-3 中。

表 3-3-3

序号	检查内容	检查标准	检查结果	维修方法
1	轮速传感器			
2	信号发生盘			
3	间隙			
4	制动盘			
5	制动片			
6	制动钳			

2. 检查后轮轮速传感器

（1）后轮轮速传感器结构及安装位置示意如图 3-3-2 所示。

（2）查阅维修手册，写出后鼓式轮速传感器与制动器的拆卸步骤。

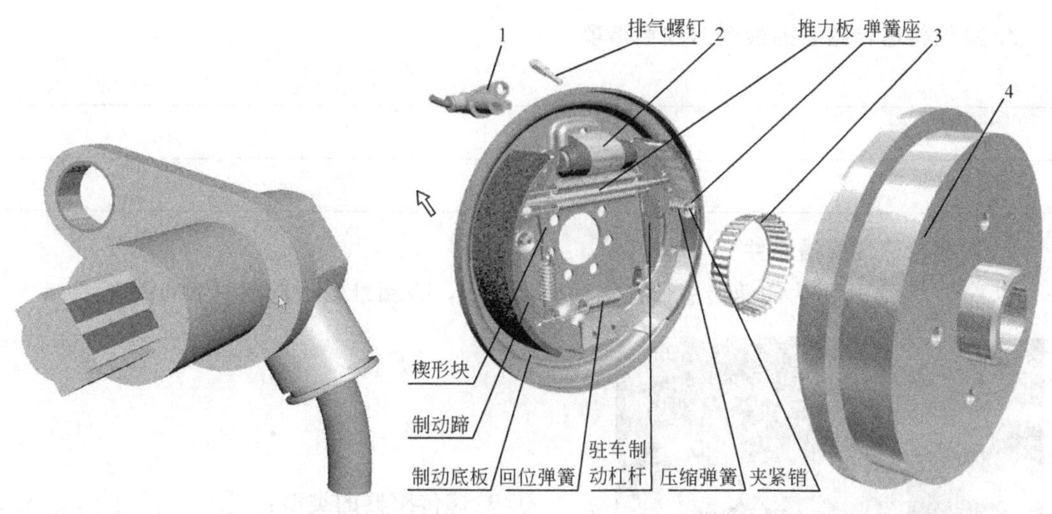

图 3-3-2

（3）检查两个后轮轮速传感器与制动器，根据检查结果对比标注值后给出维修方法。

① 检查左后轮轮速传感器与制动器，填入表 3-3-4 中。

表 3-3-4

序号	检查内容	检查标准	检查结果	维修方法
1	轮速传感器			
2	信号发生盘			
3	间隙			
4	制动毂			
5	制动片			
6	分泵			

② 检查右后轮轮速传感器与制动器，填入表 3-3-5 中。

表 3-3-5

序号	检查内容	检查标准	检查结果	维修方法
1	轮速传感器			
2	信号发生盘			
3	间隙			
4	制动毂			
5	制动片			
6	分泵			

3. 总结轮速传感器的检查时注意事项

____

____

____

4. 检测轮速传感器元件

(1) 图 3-3-3 所示为轮速传感器连接插头位置图，查阅维修手册完成下列内容：

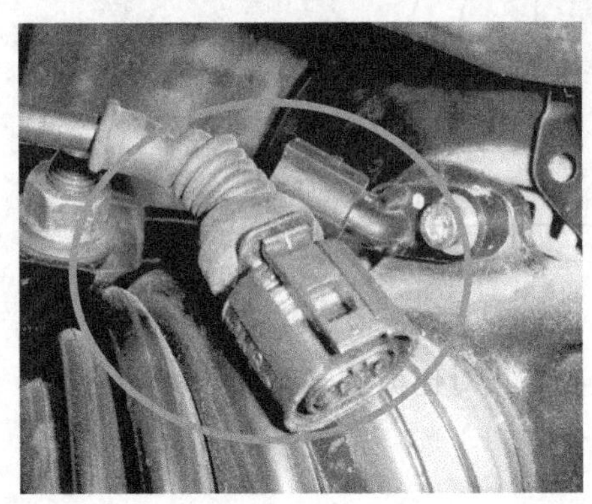

图 3-3-3

① 轮速传感器的类型：__________。

② 轮速传感器的拧紧力矩：__________。

③ 轮速传感器与信号齿间隙：__________。

(2) 查阅维修资料完成轮速传感器电压测量，填入表 3-3-6 中。

表 3-3-6

检测项目	检测端子	检测条件	测量值	标准值	检查结果	维修方法
左前轮信号电压		以每秒约1转的速度转动车轮		190～1140mV的交流电压		
右前轮信号电压						
左后轮信号电压						
右后轮信号电压						

（3）测量轮速传感器电阻，填入表 3-3-7 中。

表 3-3-7

检测项目	检测端子	标准值	实测值	检查结果	维修方法
左前转速传感器线圈电阻		1.0～1.3kΩ			
右前转速传感器线圈电阻					
左后转速传感器线圈电阻					
右后转速传感器线圈电阻					
左前转速传感器线圈与搭铁之间的电阻	1 号端子与搭铁	1MΩ或更大			
	2 号端子与搭铁				
右前转速传感器线圈与搭铁之间的电阻	1 号端子与搭铁				
	2 号端子与搭铁				
左后转速传感器线圈与搭铁之间的电阻	1 号端子与搭铁				
	2 号端子与搭铁				
右后转速传感器线圈与搭铁之间的电阻	1 号端子与搭铁				
	2 号端子与搭铁				

5. 使用解码仪完成轮速传感器的检测

请写出诊断仪的使用注意事项：

____

____

____

____

6. 调取故障码完成表 3-3-8 中的内容

表 3-3-8

故障代码	故障内容	可能原因
	终端电压超差	电源供应线路、保险、连接插头
	左前转速传感器	
	右前转速传感器	
	左后转速传感器	
	右后转速传感器	

续表

故障代码	故障内容	可能原因
	控制单元编码不正确	
	ABS 信号超差	
	ABS 液压泵信号超差	
	控制单元	

7. 使用解码仪检查 ABS 系统轮速传感器的数据流

(1) 举升车辆，使 4 个车轮离地，能够转动车轮。

(2) 连接诊断仪，打开点火开关。

(3) 进入 ABS 电子控制系统界面。

(4) 进入数据流读取界面。读取测量数据与标准值对比后给出维修方法，填入表 3-3-9 中。

表 3-3-9

序号	检查内容	标准值	测量数据	维修方法
1	左前车轮			
2	右前车轮			
3	左后车轮			
4	右后车轮			

注意：如单个车轮没有数据则说明没有转速信号输入，应检查相应轮速传感器__________安装及传感器元件。

三、 检修 ABS 控制单元总成并填写记录单

1. 拆装 ABS 控制单元并记录拆卸步骤及注意事项于表 3-3-10 中。

表 3-3-10

续表

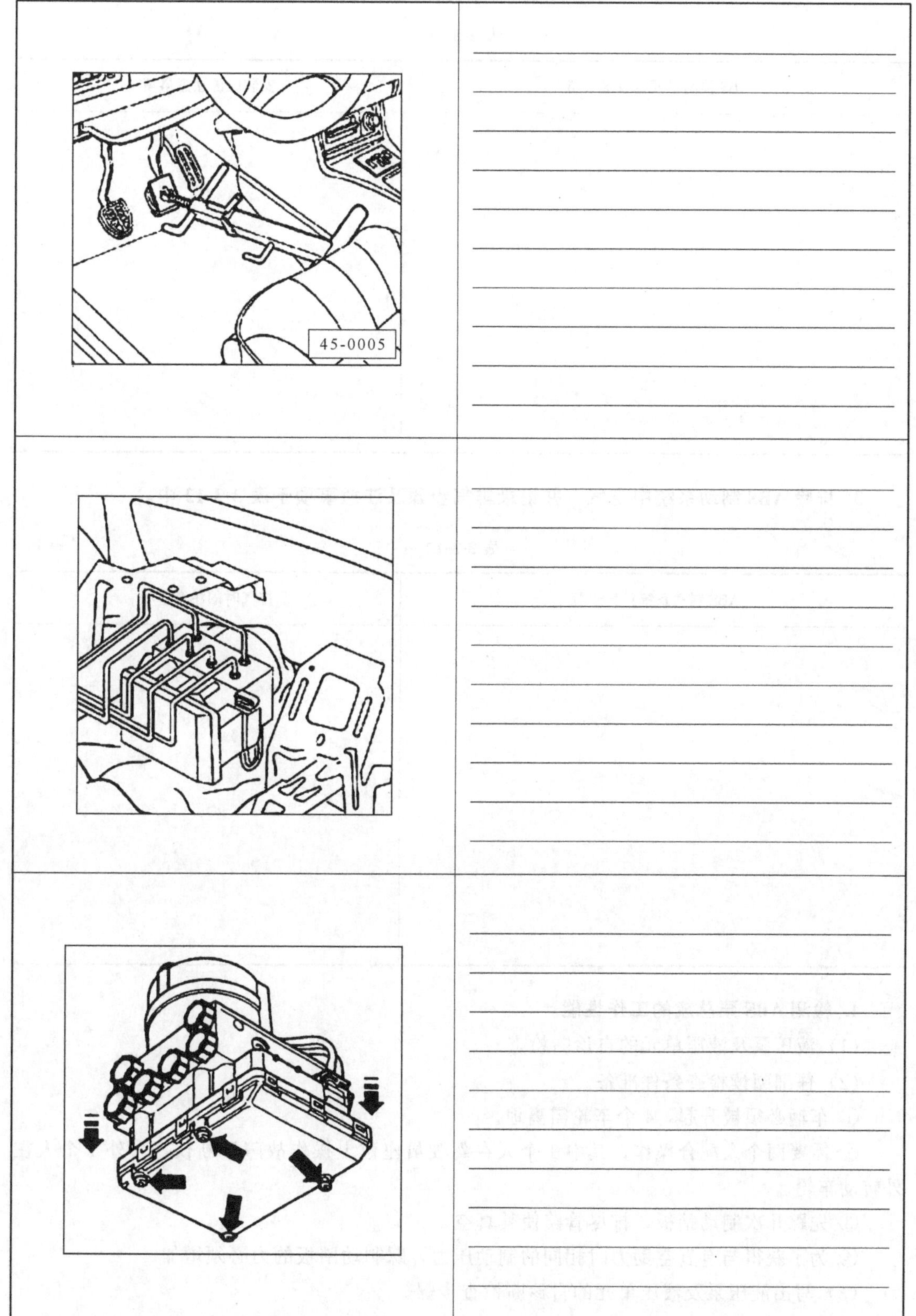

2. 安装 ABS 控制单元的步骤及注意事项并记录于表 3-3-11 中。

表 3-3-11

ABS 控制单元的安装步骤	安装时的注意事项

3. 排除 ABS 制动系统中空气，并记录排气步骤及注意事项于表 3-3-12 中。

表 3-3-12

ABS 制动系统排气步骤	排气时的注意事项

4. 检测 ABS 泵总成的工作性能

（1）液压泵及液压单元的自诊断检查

（2）仔细阅读检查条件准备。

① 车辆必须被升起，4 个车轮需离地。

② 需要两个人配合操作，其中 1 个人在驾驶员座位上操作故障诊断仪，另外 1 个人在外转动车轮。

③ 先踩几次制动踏板，排尽管路使其真空。

④ 为了获得与有真空助力时相同的制动压力，踩制动踏板的力必须增加。

（3）写出液压泵及液压单元的自诊断检查步骤

① 连接诊断仪，打开点火开关，松开手制动，进入 ABS 自诊断系统界面。

② 进入执行元件测试功能。

____

____

____

____

____

____

____

____

____

5. 检测 ABS 控制线路

（1）检查蓄电池电压是否正常。________（是/否）。

（2）检查 ABS 控制单元线束插头安装是否正确。________（是/否）。外观是否完好。________（是/否）。插头是否连接良好。________（是/否）。拔出插接器观察是否有锈蚀或松动。________（是/否）。

（3）检查 ABS 熔断丝是否正常。________（是/否）。

（4）查阅控制电路，检查捷达 ABS 控制单元的电源与接地情况并填写表 3-3-13。

表 3-3-13

检测端子	检测内容	检测条件	标准值	实测值	结论
	检测电源与接地	断开 ABS 电线束与 ECU 的连接	10～14.5V		
			10～14.5V		
	液压泵供电	点火开关关闭	10～14.5V		
	电磁阀供电	点火开关关闭	10～14.5V		
	电控单元供电	点火开关打开	10～14.5V		
	制动灯开关功能	点火开关关闭	不踩为 0～0.5V		
			踩 10～14.5V		
	诊断线	点火开关关闭	≤1Ω		

（5）检查如图 3-3-4 所示的 ABS 电子控单元线束端插头填写表 3-3-14。

图 3-3-4

表 3-3-14

针脚代号	连接元件	标准值	测量值	针脚代号	连接元件	标准值	测量值
1				14			
2				15			
3				16	ABS 指示灯		
4				17			
5				18			
6				19			
7				20			
8	连接电源负极			21			
9				22			
10				23			
11				24			
12				25			
13							

四、 操作评价表

根据表 3-3-15 的内容对操作进行评价。

表 3-3-15

序号	环节	评价点	评分细则	教师评价
1	轮速传感器检查与拆卸（20 分）	左前轮速传感器拆装与检修(5 分)	检查正确得 5 分;错一项扣 2 分	
		右前轮速传感器拆装与检修(5 分)	检查正确得 5 分;错一项扣 2 分	
		左后轮速传感器拆装与检修(5 分)	检查正确得 5 分;错一项扣 2 分	
		右后轮速传感器拆装与检修(5 分)	检查正确得 5 分;错一项扣 2 分	

续表

序号	环节	评价点	评分细则	教师评价
2	ABS控制单元总成的拆卸与检查(40分)	ABS控制单元拆装(10分)	检查正确得10分;错一项扣2分	
		ABS控制单元性能检测(15分)	检查正确得15分;错一项扣2分	
		ABS系统排气(15分)	检查正确得15分;错一项扣2分	
3	ABS控制线路的检查(40分)	轮速传感器线路(12分)	检查正确得12分;错一项扣3分	
		ABS灯线路检查(10分)	检查正确得10分;错一项扣2分	
		电源线路(6分)	检查正确得6分;错一项扣2分	
		ABS泵线路检查(6分)	检查正确得6分;错一项扣2分	
		制动灯开关线路检查(6分)	检查正确得6分;错一项扣2分	
		其他检查(2分)*创新点	有其他检查得2分;没有不加分	

(总分100分,占评价表的45%)

五、评价表

请根据表3-3-16的要求对本活动中的工作和学习情况进行打分。

表3-3-16

评分项目			配分/分	评分细则	自评得分	小组评价	教师评价
素养(20分)	纪律情况(5分)	不迟到、早退	1	违反一次不得分			
		积极思考回答问题	2	根据上课统计情况得1～2分			
		三有一无(有本、笔、书,无手机)	2	不符合要求不得分			
		执行教师命令	0	此为否定项,违规酌情扣10～100分,违反校规按校规处理			
	职业道德(5分)	能与他人合作	3	不符合要求不得分			
		追求完美	2	对工作精益求精(能提出改进建议)且效果明显得2分			
	5S(5分)	场地、设备整洁干净	2	使用的工位、设备整洁无杂物,得2分;不合格不得分			
		零部件、工具摆放	2	整齐规范得2分;不合格不得分			
		服装整洁,不佩戴饰物	1	全部合格得1分			

续表

<table>
<tr><th colspan="3">评分项目</th><th>配分/分</th><th>评分细则</th><th>自评得分</th><th>小组评价</th><th>教师评价</th></tr>
<tr><td rowspan="2">素养
（20分）</td><td rowspan="2">综合能力
（5分）</td><td>阅读理解能力</td><td>5</td><td>2分钟内正确描述任务名称及要求得5分；超时或表达不完整得3分；其余不得分</td><td></td><td></td><td></td></tr>
<tr><td>创新能力（加分项）</td><td>5</td><td>新渠道正确查阅资料、优化基本检查顺序等，视情况得1～5分</td><td></td><td></td><td></td></tr>
<tr><td rowspan="4">核心技术
（60分）</td><td>ABS系统各部件的检修
（45分）</td><td colspan="6">详见操作评价表3-3-15</td></tr>
<tr><td rowspan="3">工具选用
（15分）</td><td>工量具选用</td><td>5</td><td>全部正确得5分；错一项扣1分</td><td></td><td></td><td></td></tr>
<tr><td>使用方法</td><td>5</td><td>使用方法正确得5分；错一项扣1分</td><td></td><td></td><td></td></tr>
<tr><td>安全要求</td><td>5</td><td>违反一项基本检查不得分</td><td></td><td></td><td></td></tr>
<tr><td rowspan="4">工作页完成情况
（20分）</td><td rowspan="4">按时完成工作页</td><td>按时提交</td><td>5</td><td>按时提交得5分；迟交不得分</td><td></td><td></td><td></td></tr>
<tr><td>内容完成程度</td><td>5</td><td>按情况分别得1～5分</td><td></td><td></td><td></td></tr>
<tr><td>回答准确率</td><td>5</td><td>视情况分别得1～5分</td><td></td><td></td><td></td></tr>
<tr><td>字迹书面整洁</td><td>5</td><td>视情况分别得1～5分</td><td></td><td></td><td></td></tr>
<tr><td colspan="5">总分</td><td></td><td></td><td></td></tr>
<tr><td colspan="5">综合得分（自评20%，小组评价30%，教师50%）</td><td colspan="3"></td></tr>
<tr><td colspan="4">教师评价签字：</td><td colspan="4">组长签字：</td></tr>
<tr><td colspan="8">请根据以上打分情况，对本活动当中的工作和学习状态进行总体评述（从素养的自我提升方面、职业能力的提升方面进行评述，分析自己的不足之处，描述对不足之处的改进措施）。</td></tr>
<tr><td colspan="8">教师指导意见：</td></tr>
</table>

学习活动四：竣工检验

建议学时：2学时

学习要求：通过该活动，能够完成ABS检修后车辆竣工检验，并编制填写竣工检验报告。具体工作步骤及要求见表3-4-1。

表 3-4-1

序号	工作步骤	要求	学时	备注
1	ABS系统检验	按照维修手册的要求，完成ABS系统工作性能的检验	0.5学时	
2	路试	根据车辆检验单完成路试	0.5学时	
3	编制、填写竣工检验单	能够独立编制、填写竣工检验单，进行成本核算并给出合理的使用保养建议	0.5学时	
4	打扫场地卫生，合理处理废弃物	打扫场地卫生，擦拭使用工具、量具、检测仪器，合理处理废弃物	0.5学时	

一、 查询 ABS 检验标准

查阅 GB 7258—2012《机动车运行安全技术条件》ABS 竣工检验标准。

二、 路试前 ABS 电子控制系统检验记录

将路试前 ABS 电子控制系统检验记录填入表 3-4-2 中。

表 3-4-2

ABS 故障灯	读取故障码	数据流检验记录

三、 路试检验

1. 汽车 ABS 制动系统维修竣工后路试的要求

2. 汽车 ABS 制动系统维修竣工后路试时安全注意事项

3. 查阅汽车维修资料或网络资源，找出汽车维修竣工后路试的主要内容，填入表 3-4-3 中。

表 3-4-3

汽车路试检查主要内容		
序号	检查项目	检查内容
1	整车外观	
2	发动机	
3	底盘	
4	电器	

4. 路试填写汽车维修竣工检验单

汽车维修竣工检验单

编号：

<table>
<tr><td>送修人</td><td></td><td>VIN码</td><td></td><td>车型</td><td></td></tr>
<tr><td>发动机号</td><td></td><td>底盘号</td><td></td><td>检查日期</td><td></td></tr>
<tr><td>序号</td><td>项目</td><td colspan="4">检查情况(有、是□√　无、否□×)</td></tr>
<tr><td>1</td><td>整车外观</td><td colspan="4">整车是否周正(是□　否□)；　车窗、车门是否开启方便(是□　否□)；
车身漆面是否完好(是□　否□)；</td></tr>
<tr><td>2</td><td>发动机</td><td colspan="4">运转是否均匀及稳定(是□　否□)；　发动机装备是否齐全有效(是□　否□)</td></tr>
<tr><td>3</td><td>操纵稳定性</td><td colspan="4">有无跑偏(有□　无□)；　有无发抖(有□　无□)；　有无摆头(有□　无□)</td></tr>
<tr><td>4</td><td>变速器</td><td colspan="4">有无泄漏(有□　无□)；　异响松脱(有□　无□)；
裂纹(有□　无□)；　换挡是否轻便灵活(有□　无□)；</td></tr>
<tr><td>5</td><td>离合器</td><td colspan="4">有无打滑(有□　无□)；　有无发抖现象(有□　无□)；
分离是否彻底(有□　无□)；　结合是否平稳(有□　无□)；</td></tr>
<tr><td>6</td><td>传动轴</td><td colspan="4">有无泄漏(有□　无□)；　有无异响(有□　无□)；
有无松脱(有□　无□)；　有无裂纹(有□　无□)；</td></tr>
<tr><td>7</td><td>驱动桥</td><td colspan="4">主减速器有无泄漏(有□　无□)；　主减速器有无异响(有□　无□)；
主减速器有无过热(有□　无□)；</td></tr>
<tr><td>8</td><td>轮胎状况</td><td colspan="4">有无异常磨损(有□　无□)；　老化、变形(有□　无□)；
装用是否符合要求(是□　否□)</td></tr>
<tr><td>9</td><td>转向盘</td><td colspan="4">自由转动量是否符合规定(是□　否□)；　是否轻便(是□　否□)
有无卡滞和漏油(是□　否□)</td></tr>
<tr><td>10</td><td>转向角</td><td colspan="4">左转向角度正常(有□　无□)　左转向角度正常(有□　无□)
转向时有无异响(有□　无□)</td></tr>
<tr><td>11</td><td>车架/悬架</td><td colspan="4">有无松动(有□　无□)；　有无裂纹(有□　无□)；　有无断片(有□　无□)；</td></tr>
<tr><td>12</td><td>减震器</td><td colspan="4">漏油(有□　无□)　防尘套破损(有□　无□)　弹簧裂纹(有□　无□)</td></tr>
<tr><td>13</td><td>转向机构</td><td colspan="4">横拉杆及转向节臂有无弯曲裂损(有□　无□)；</td></tr>
<tr><td>14</td><td>横拉杆</td><td colspan="4">防倾斜功能(有□　无□)　衬套更换(有□　无□)
连接球头是否松旷(有□　无□)；</td></tr>
<tr><td>15</td><td>整车制动</td><td colspan="4">制动效果是否良好(是□　否□)；　ABS是否参加工作(有□　无□)</td></tr>
<tr><td>16</td><td>驻车制动</td><td colspan="4">制动效果是否良好(是□　否□)；</td></tr>
<tr><td>17</td><td>灯光</td><td colspan="4">是否符合要求(是□　否□)；</td></tr>
<tr><td>18</td><td>喇叭</td><td colspan="4">是否符合要求(是□　否□)</td></tr>
<tr><td colspan="2">附加作业项目</td><td colspan="4"></td></tr>
<tr><td colspan="2">检验结论</td><td colspan="2">维护厂家(章)
质检员签字(章)　　年　　月　　日</td><td colspan="2">车主签字</td></tr>
</table>

四、 填写车辆出厂交车单

<table>
<tr><td colspan="7">一汽-大众　　一汽大众汽车销售服务有限公司
交车单　　　　服务电话：</td></tr>
<tr><td rowspan="15">交车检查</td><td>检查项目</td><td>交车检查（是否与接车状态时相同）</td><td>备注（如与接车状态不同，请注明原因）</td><td>检查项目</td><td>交车检查</td><td>备注（如检查内容不合格，请注明原因）</td></tr>
<tr><td>车钥匙及应急钥匙</td><td>是□　否□</td><td></td><td>客户陈述及要求已完全处理</td><td>是□　否□</td><td></td></tr>
<tr><td>内饰</td><td>是□　否□</td><td></td><td>维修项目已全部完成</td><td>是□　否□</td><td></td></tr>
<tr><td>仪表灯显示</td><td>是□　否□</td><td></td><td>客户车辆主要设置恢复原状</td><td>是□　否□</td><td></td></tr>
<tr><td>雨刮功能</td><td>是□　否□</td><td></td><td>实际费用与预估基本一致</td><td>是□　否□</td><td></td></tr>
<tr><td>天窗</td><td>是□　否□</td><td></td><td>实际时间与预估基本一致</td><td>是□　否□</td><td></td></tr>
<tr><td>音响</td><td>是□　否□</td><td></td><td>洗车质量符合标准要求</td><td>是□　否□</td><td></td></tr>
<tr><td>空调</td><td>是□　否□</td><td></td><td>旧件已按客户要求处理</td><td>是□　否□</td><td></td></tr>
<tr><td>点烟器</td><td>是□　否□</td><td></td><td>告知客户回访时间和方式</td><td>是□　否□</td><td></td></tr>
<tr><td>座椅及安全带</td><td>是□　否□</td><td></td><td>提醒下次保养里程/时间</td><td>是□　否□</td><td></td></tr>
<tr><td>后视镜</td><td>是□　否□</td><td></td><td>推荐预约并告知预约电话</td><td>是□　否□</td><td></td></tr>
<tr><td>玻璃升降</td><td>是□　否□</td><td></td><td>提醒24小时服务热线</td><td>是□　否□</td><td></td></tr>
<tr><td>天线</td><td>是□　否□</td><td></td><td>实际交车时间</td><td colspan="2">______时______分</td></tr>
<tr><td>备胎</td><td>是□　否□</td><td></td><td rowspan="2" colspan="2"></td><td rowspan="4">严谨就是关爱</td></tr>
<tr><td>随车工具</td><td>是□　否□</td><td></td></tr>
<tr><td rowspan="2">整体评价</td><td colspan="5">客户整体评价（请帮忙在下述相应表格中打“√”）</td></tr>
<tr><td>非常满意！□</td><td>满意！□</td><td>一般 □</td><td>不满意！□</td><td>非常不满意 □</td></tr>
</table>

五、成本估算

请小组讨论，回顾整个任务的工作过程，列出所使用的耗材，并参考库房管理员提供的价格清单，对此次表 3-4-4 任务的单个样品使用耗材进行成本估算，填入表 3-4-4 中。

表 3-4-4

序号	部件名称	规格	数量	单价/元	合计
1					
2					
3					
4					
5					
6					
7					
8					
9					
10					
11					
12					
合计					

六、使用与保养建议

（1）使用与保养建议，向客户进行说明制动系在日常保养中的注意事项。

（2）维修该项目后，保修期是多少？是否有相关依据？

（3）想一想：在维修过程中哪些方面能够做到资源的节省与环保？

七、评价表

请根据表 3-4-5 要求对本活动中的工作和学习情况进行打分。

表 3-4-5

评分项目			配分/分	评分细则	自评得分	小组评价	教师评价
素养（20 分）	纪律情况（5 分）	不迟到、早退	1	违反一次不得分			
		积极思考回答问题	2	根据上课统计情况得 1～2 分			
		三有一无（有本、笔、书，无手机）	2	不符合要求不得分			
		执行教师命令	0	此为否定项违规酌情扣 10～100 分，违反校规按校规处理			
	职业道德（5 分）	能与他人合作	3	不符合要求不得分			
		追求完美	2	对工作精益求精且效果明显得 2 分			
	5S（5 分）	场地、设备整洁干净	2	使用的工位、设备整洁无杂物，得 2 分；不合格不得分			
		零部件、工具摆放	2	整齐规范得 2 分；不合格不得分			
		服装整洁，不佩戴饰物	1	全部合格得 1 分			
	综合能力（5 分）	阅读理解能力	5	2 分钟内正确描述任务名称及要求得 5 分；超时或表达不完整得 3 分；其余不得分			
		创新能力（加分项）	5	新渠道正确查阅资料、优化基本检查顺序等，视情况得 1～5 分			
核心技术（60 分）	路试前车辆基本检查（20 分）	工量具选用和使用	5	全部正确得 5 分；错一项扣 1 分			
		时间要求	5	15 分钟内完成得 5 分；每超过 2 分钟扣 1 分			
		质量要求	10	作业项目完整正确得 10 分；错项漏项一项扣 2 分			
		安全要求	0	违反该项不得分			
	路试检测与分析（25 分）	路试要求项目完整	5	完整得 5 分；漏一项扣 1 分			
		路试方法	5	全部正确得 5 分；错一项扣 1 分			
		原因分析	10	全部正确得 10 分；错一项扣 2 分			
		路试检测项目结果	5	清晰准确得 5 分；其他不得分			

续表

<table>
<tr><th colspan="3">评分项目</th><th>配分/分</th><th>评分细则</th><th>自评得分</th><th>小组评价</th><th>教师评价</th></tr>
<tr><td rowspan="3">核心技术
(60分)</td><td rowspan="3">编制竣工检验单
(15分)</td><td>资料使用</td><td>5</td><td>正确查阅维修手册得5分;错误不得分</td><td></td><td></td><td></td></tr>
<tr><td>项目完整</td><td>5</td><td>完整得5分;错项漏项一项扣1分</td><td></td><td></td><td></td></tr>
<tr><td>提炼增项</td><td>5</td><td>正确得5分;错一项扣1分</td><td></td><td></td><td></td></tr>
<tr><td rowspan="4">工作页完成情况
(20分)</td><td rowspan="4">按时完成工作页</td><td>按时提交</td><td>5</td><td>按时提交得5分;迟交不得分</td><td></td><td></td><td></td></tr>
<tr><td>内容完成程度</td><td>5</td><td>按情况分别得1~5分</td><td></td><td></td><td></td></tr>
<tr><td>回答准确率</td><td>5</td><td>视情况分别得1~5分</td><td></td><td></td><td></td></tr>
<tr><td>字迹书面整洁</td><td>5</td><td>视情况分别得1~5分</td><td></td><td></td><td></td></tr>
<tr><td colspan="5">总分</td><td></td><td></td><td></td></tr>
<tr><td colspan="5">综合得分(自评20%,小组评价30%,教师50%)</td><td colspan="3"></td></tr>
<tr><td colspan="4">教师评价签字:</td><td colspan="4">组长签字:</td></tr>
<tr><td colspan="8">请根据以上打分情况,对本活动当中的工作和学习状态进行总体评述(从素养的自我提升方面、职业能力的提升方面进行评述,分析自己的不足之处,描述对不足之处的改进措施)。</td></tr>
<tr><td colspan="8">教师指导意见:</td></tr>
</table>

学习活动五：总结拓展

建议学时：6学时

学习要求：通过本活动总结本项目的作业规范和核心技术并通过同类项目练习进行强化。具体工作步骤及要求见表3-5-1。

表3-5-1

序号	工作步骤	要求	学时	备注
1	撰写技术总结报告	正确分析故障原因及故障排除方法，提出合理的保养方案	2学时	
2	同类任务拓展练习	按各活动学习活动流程和标准要求完成类似任务	4学时	

一、撰写技术总结

要求：(1) 字数1000字以上；

(2) 语言表达清晰逻辑性强；

(3) 能根据自身的学习过程突出个人收获与感想。

班级　　　　　　　　姓名　　　　　　　　日期　　　　年　　月　　日

工作任务名称__________

1. 故障现象描述

2. 故障原因分析

3. 故障排除方法

4. 总结

5. 保养维护建议

教师评语

二、知识拓展

查阅网络资源或维修手册，分析大众速腾 ESP（车身电子稳定系统）。

1. 分析 ESP 系统在转向时工作过程，填入表 3-5-2。

表 3-5-2

(1) 根据下图描述转向过度控制过程	
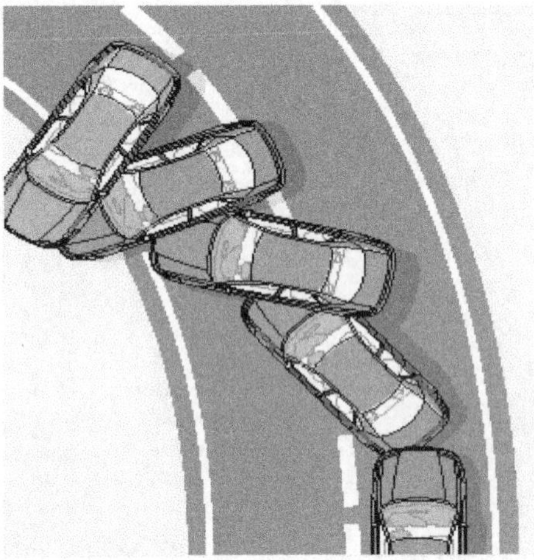 有□　无□　ESP	 有□　无□　ESP
(2) 描述有 ESP 转向过度时的控制过程	
(3) 根据下图描述转向不足控制过程	
 有□　无□　ESP	 有□　无□　ESP

续表

(4) 描述有 ESP 转向不足时的控制过程

2. ESP 的组成与工作原理

(1) 对照图 3-5-1 填写表 3-5-3 中各部位的名称。

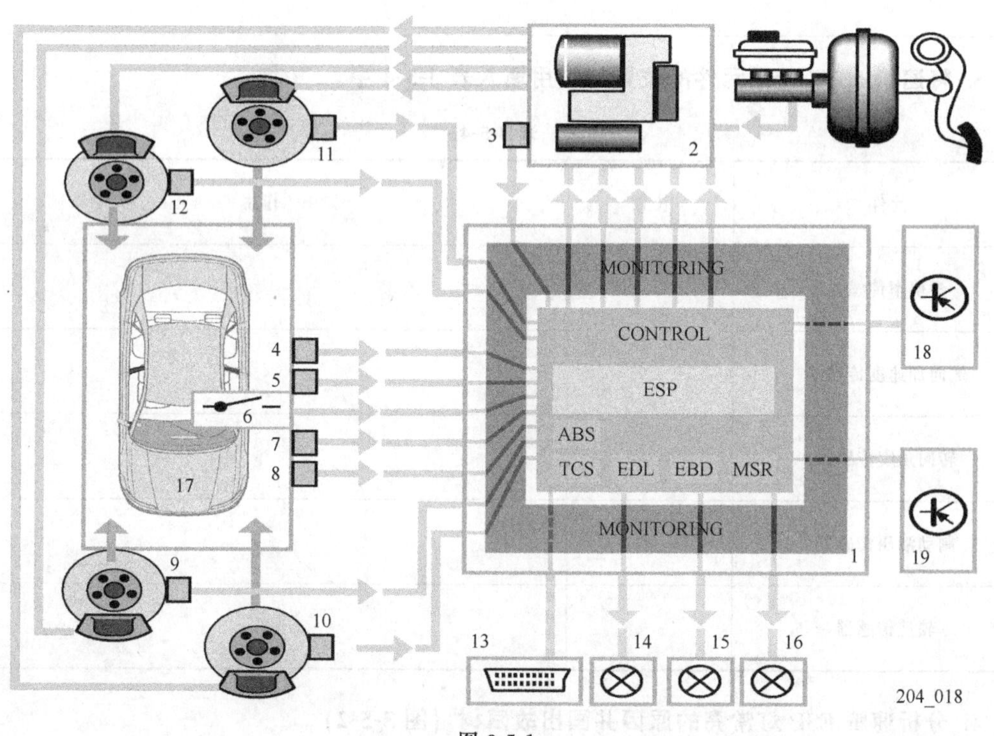

图 3-5-1

表 3-5-3

序号	名称	序号	名称	序号	名称
1		8		15	ABS 警报灯
2		9		16	ESP 警报灯
3		10		17	车辆和驾驶状态
4		11		18	发动机控制调整
5		12		19	变速箱控制调整
6	ESP 按钮	13			
7		14			

(2) 简述 ESP 系统的工作原理。

3. 将速腾 1.8T ESP 元件的位置与作用填入表 3-5-4 中。

表 3-5-4

元件	位置	作用
横摆率传感器		
侧向加速度传感器		
转向角度传感器		
制动液压传感器		
轮速传感器		

4. 分析速腾 ESP 灯常亮的原因并画出故障树（图 3-5-2）

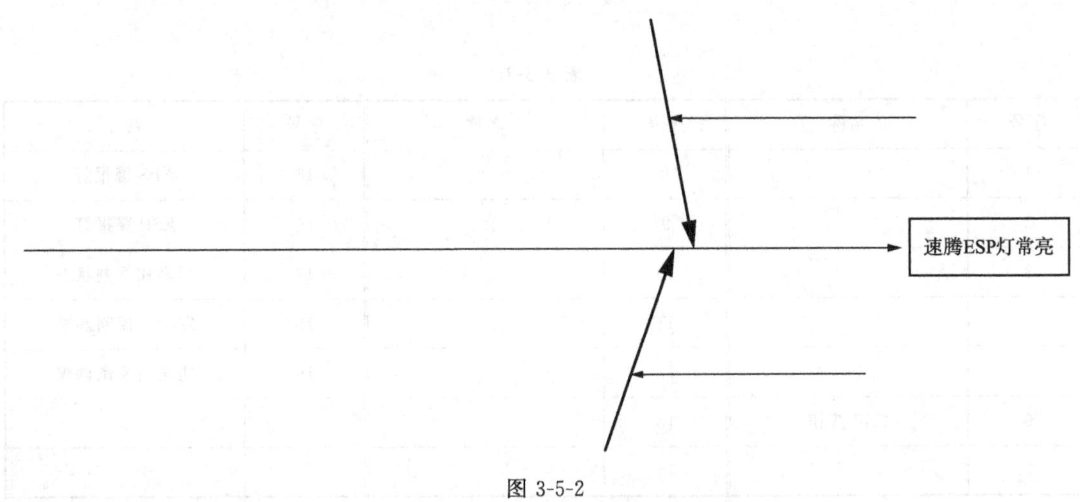

图 3-5-2

5. 编制速腾 ESP 灯常亮的维修方案（表 3-5-5）

表 3-5-5

方案名称：__________

(1) 任务目标及依据

(填写说明：概括说明本次任务要达到的目标及相关文件和技术资料)

(2) 工作内容安排

(填写说明：列出工作流程、工作标准、工量具材料、人员及时间安排等)

工作流程	工作要求	工量具材料	人员安排	时间安排

(3) 验收标准

(填写说明：本项目最终的验收相关项目的标准)

(4) 有关安全注意事项及防护措施等

(填写说明：对 EPS 的安全注意事项及防护措施，废弃物处理等进行具体说明)

三、评价表

请根据表 3-5-6 要求对本活动中的工作和学习情况进行打分。

表 3-5-6

项次	项目要求		配分/分	评分细则	自评得分	小组评价	教师评价
素养（20 分）	纪律情况（5 分）	不迟到、早退	1	违反一次不得分			
		积极思考回答问题	2	根据上课统计情况得 1～2 分			
		三有一无（有本、笔、书，无手机）	2	不符合要求不得分			
		执行教师命令	0	此为否定项，违规酌情扣 10～100 分，违反校规按校规处理			
	职业道德（5 分）	能与他人合作	3	不符合要求不得分			
		追求完美	2	对工作精益求精且效果明显得 2 分			
	5S（5 分）	场地、设备整洁干净	2	使用的工位、设备整洁无杂物，得 2 分；不合格不得分			
		零部件、工具摆放	2	整齐规范得 2 分；不合格不得分			
		服装整洁，不佩戴饰物	1	全部合格得 1 分			
	综合能力（5 分）	阅读理解能力	5	2 分钟内正确描述任务名称及要求得 5 分；超时或表达不完整得 3 分；其余不得分			
		创新能力（加分项）	5	新渠道正确查阅资料；优化基本检查顺序等，视情况得 1～5 分			
职业能力（60 分）	技术总结（20 分）	能完成技术总结	10	能够按时（40 分钟）完成技术总结得 10 分；超过 3 分钟扣 2 分			
		技术总结条理清楚、分析合理	5	完整得 5 分；错项漏项一项扣 2 分			
		资料使用	5	正确查阅维修手册得 5 分；错误不得分			
		提炼增项	5	有增加项目得 5 分；没有增加项目不得分			
	使用建议（5 分）	建议价值	5	按照建议的价值得 1～5 分			

续表

<table>
<tr><th>项次</th><th colspan="2">项目要求</th><th>配分/分</th><th>评分细则</th><th>自评得分</th><th>小组评价</th><th>教师评价</th></tr>
<tr><td rowspan="6">职业能力（60分）</td><td rowspan="6">速腾ESP灯常亮故障排除方案（35分）</td><td>资料使用</td><td>3</td><td>正确查阅维修手册得3分；错误不得分</td><td></td><td></td><td></td></tr>
<tr><td>检修项目完整</td><td>5</td><td>完整得5分；错项漏项一项扣1分</td><td></td><td></td><td></td></tr>
<tr><td>流程</td><td>15</td><td>流程正确得15分；错一项扣1分</td><td></td><td></td><td></td></tr>
<tr><td>标准</td><td>5</td><td>标准查阅正确完整得3分；错项漏项一项扣1分</td><td></td><td></td><td></td></tr>
<tr><td>工具、材料</td><td>5</td><td>完整正确得5分；错项漏项一项扣1分</td><td></td><td></td><td></td></tr>
<tr><td>安全注意事项及防护</td><td>2</td><td>完整正确，措施有效得2分；错项漏项一项扣1分</td><td></td><td></td><td></td></tr>
<tr><td rowspan="4">工作页完成情况（20分）</td><td rowspan="4">按时完成工作页</td><td>及时提交</td><td>5</td><td>按时提交得5分；迟交不得分</td><td></td><td></td><td></td></tr>
<tr><td>内容完成程度</td><td>5</td><td>按完成情况分别得1～5分</td><td></td><td></td><td></td></tr>
<tr><td>回答准确率</td><td>5</td><td>视准确率情况分别得1～5分</td><td></td><td></td><td></td></tr>
<tr><td>独立完成</td><td>5</td><td>能独立程度分别得1～5分</td><td></td><td></td><td></td></tr>
<tr><td colspan="5">总分</td><td></td><td></td><td></td></tr>
<tr><td colspan="5">加权平均（自评20%，小组评价30%，教师50%）</td><td colspan="3"></td></tr>
<tr><td colspan="4">教师评价签字：</td><td colspan="4">组长签字：</td></tr>
<tr><td colspan="8">请根据以上打分情况，对本活动当中的工作和学习状态进行总体评述（从素养的自我提升方面、职业能力的提升方面进行评述，分析自己的不足之处，描述对不足之处的改进措施）。</td></tr>
<tr><td colspan="8">教师指导意见：</td></tr>
</table>

四、项目总体评价

根据表 3-5-7 的内容，进行项目总体评价。

表 3-5-7

<table>
<tr><th>项次</th><th>项目内容</th><th>权重</th><th>综合得分(各活动加权平均分×权重)</th><th>备注</th></tr>
<tr><td>1</td><td>明确任务</td><td>10%</td><td></td><td></td></tr>
<tr><td>2</td><td>制订方案</td><td>25%</td><td></td><td></td></tr>
<tr><td>3</td><td>实施维修</td><td>30%</td><td></td><td></td></tr>
<tr><td>4</td><td>检验交付</td><td>20%</td><td></td><td></td></tr>
<tr><td>5</td><td>总结拓展</td><td>15%</td><td></td><td></td></tr>
<tr><td>6</td><td colspan="2">合计</td><td></td><td></td></tr>
<tr><td>7</td><td>本项目合格与否</td><td></td><td>教师签字</td><td></td></tr>
<tr><td colspan="5">请根据以上打分情况，对本项目当中的工作和学习状态进行总体评述(从素养的自我提升方面、职业能力的提升方面进行评述，分析自己的不足之处，描述对不足之处的改进措施)。</td></tr>
<tr><td colspan="5">教师指导意见：</td></tr>
</table>